KLEINE
BETTLEKTÜRE
FÜR DIE
UNENTBEHRLICHE
GROSSMUTTER

Kleine Bettlektüre für die unentbehrliche Großmutter

Scherz

AUSGEWÄHLT VON
LIA FRANKEN

ISBN 3-502-39815-1
Scherz Verlag, Bern München Wien
Alle Rechte an der Auswahl vorbehalten
Das Copyright der einzelnen Texte liegt bei den
im Quellenverzeichnis genannten Inhabern
Umschlaggestaltung:
Bernd und Christel Kaselow, München,
unter Verwendung einer Illustration
von Tilman Michalski

INHALT

«Erhabne Gros Mama,
    Des Jahres erster Tag
erweckt in meiner Brust ein zärtliches
    Empfinden,
Und heißt mich ebenfalls Sie ietzo anzubinden
Mit Versen, die vielleicht kein Kenner lesen
    mag...»

So begrüßte der achtjährige Wolfgang Goethe am Neujahrstag des Jahres 1757 seine Großmutter und unterzeichnete seinen zagen dichterischen Versuch «mit den Gesinnungen kindlicher Hochachtung und Liebe».

Ein weniger sprachmächtiger Neunjähriger drückt im Jahre 1977 sein Gefühl für die Oma kurz und bündig so aus:

«Ohne Großmütter wäre die Welt einfach nicht die gleiche.»

In die Literatur hat sie übrigens merkwürdig wenig Eingang gefunden, die Gros Mama, die Große Mutter, die Nonna, Mémé, Oma, Großmama, Granny oder wie immer sie genannt wurde und wird. Dort tummeln sich die Mütter und Tanten, die Muhmen und Gevatterinnen, doch von Großmüttern ist selten oder kaum die Rede. Sollte es daran liegen, daß sie so stark in unseren Herzen leben, ihre Rolle als Mittlerin

7

zwischen den Generationen, als Zentrum ganzer Familien, so stark ist, daß es der großen Worte nicht mehr bedarf?

Wer wirklich etwas über die Großmütter wissen will, der frage bei den Kindern an!

Was ist eine Großmutter?

Großmüttern kann man all die schlimmen Dinge erzählen, die man seiner Mutter nicht sagen kann. Und dann erzählen sie einem, was für schlimme Sachen sie früher selbst angestellt haben.

Eine Großmutter liebt einen, ganz egal, was man tut.

Großeltern füllen die Lücke, die Mütter und Väter offen lassen.

Eine Großmutter ist äußerlich alt und innerlich jung.

Großmütter sind Menschen, die noch Frühjahrshausputz machen.

Eine Großmutter läßt einen heimlich an ihrer Zigarette ziehen, wenn die Mutter mal wegschaut.

Meine Großmutter ist älter, als sie denkt.

Manche Kinder sind wirklich schlecht dran. Sie haben keine Großmutter und müssen sich deshalb eine ausleihen.

Eine Großmutter stopft die kleinen Kinder mit Süßigkeiten voll und geht heim, ehe es ihnen schlecht wird.

Eine Großmutter hört dir immer zu, auch wenn du noch so viel und noch so lang redest.

Eine Großmutter erzählt einem nie Unwahrheiten.

Im großen und ganzen mag ich Großmütter gut leiden, vor allem, da ich ja weiß, daß ich eines Tages wahrscheinlich auch als eine enden werde.

Großmütter sagen immer, der Name Großmutter mache sie alt. Wie wäre es denn, wenn man sie einfach Supermama nennen würde?

Eine Großmutter ist eine Mutter, die eine zweite Chance bekommen hat.

Großmütter sind oft Witwen, und deshalb muß man sie oft besuchen.

Wenn Großmütter Auto fahren, sind sie sehr gefährlich. Entweder sie fahren zu langsam, in der Mitte der Straße, oder beides.

Mit einer Großmutter hat man zwei Zuhause: eins bei sich und eins bei ihr.

(Aus Schulaufsätzen von Kindern
zwischen 7 und 14 Jahren)

Wie Berni sich seine Großmutter vorstellt

Leider habe ich keine Großmutter, aber wenn ich eine hätte, dann würde ich sie sehr lieben und sie würde mich sehr, sehr gern haben. Sie hätte ein sauberes Häuschen mit vielen Blumen im Garten und würde nicht weit weg von uns wohnen, so daß ich sie oft besuchen könnte. Sie würde immer schauen, daß ich sauber und fein angezogen bin und selber komische Blumenhütchen und bunte Kleider anhaben. Aber Make-up und stinkiges Parfüm würde sie sich nie anschmieren.

Sie würde viel lachen und immer lustige Sachen sagen und sich immer freuen, wenn ich zu ihr komme. Sie würde mich immer zu Kaffee und Kuchen einladen und mir einen Haufen Schokolade geben und immer wissen, was mir am besten schmeckt. In ihrem Garten dürfte ich lauter tolle Sachen machen: auf Bäume klettern, von Mäuerchen runterspringen, Kaninchen jagen und so. Manchmal würde meine Großmutter mir auch Geschichten erzählen und so Spiele mit mir spielen, wie sie sie gespielt haben, als sie noch jung war. Sie würde mir auch immer nur solche Sachen schenken, die ich mir wirklich wünsche und die mir gefallen.

Berni Hassler, 10 Jahre alt

RUDOLF G. BINDING

Die Angelpartie

Die Großmutter war eine robuste Frau mit großen, bedeutenden und sicheren Zügen und von einer ungeheuerlichen Kraft des Körpers und der Seele, die sie nach beiden Richtungen zeitlebens voll in Aktion brachte. Wenn sie in Bewegung war, zitterten die Türen, und nur wenn sie gerade mit der ihr genehmen Wucht durch sie hindurchfuhr und sie mit fulminantem Krach in voller Sorglosigkeit hinter sich zuschmiß, zitterten sie noch mehr. Sie behauptete etwa, ein Kuchenteig müsse eine halbe Stunde lang unausgesetzt gerührt werden, und da das eine ziemliche Leistung war, die das Mädchen offenbar nicht ohne Pause bewältigte, nahm sie ihr die Schüssel aus der Hand, rührte den schweren Teig die erforderliche Zeit in einem Sitz und gab ihr mit einer geringschätzigen Bemerkung über menschliche Schwäche, den Löffel energisch auf den Rand klopfend, ihre Arbeitsmaterie zurück. Wo sie einen Stuhl hinstellte, da stand er eben, und wenn sie eine Fliege tot schlug, war sie ganz bestimmt tot. Aber mit gleicher Energie, unter lebhaftem, bewunderndem «Hoh!» und «Hah!» und «Herrlich! unerhört!» vermochte sie es, lange Stellen aus Schiller oder Shakespeare aufzusagen, die sie begeisterten, oder unter «Schrecklich!» und «Schön!» meinem Großvater zuzuhören, wenn er ihr die Verse aus dem Homer, wo Achilles den Leichnam Hektors um die Tore von Troja schleift, in griechischer Sprache vorlas. Sie konnte kein Griechisch, aber sie liebte den Klang und den Sinn der Worte in ihrem Ohr. Alles Leben war Handlung für sie aus einer Anlage heraus. Sie agierte es. Es war dramatisch aus sich, selbst im Kleinsten. Ihre Erziehung an uns, ihre Lehren oder Zurechtweisungen verliefen nur im Dramatischen. Hatten wir etwas dumm angestellt, so dauerte es ihr viel zu lange, sich etwa in ein Gespräch, eine Erörterung oder eine Belehrung einzulassen. Einen Augenblick stand sie in der Mitte des Zimmers und sah uns an. «Kinder wie Rinder!» rief sie uns zu, schlug sich dabei mit den Fingerspitzen kraftvoll auf die Stirn, um den Sitz unserer Dummheit keinesfalls in Zweifel zu lassen, und fuhr eilig zur Tür hinaus, die mit gewohntem Krach hinter ihr zufiel. Das war dann Vorhalt, Lehre und Verzeihung zugleich und in einem; und ich gestehe, daß mir ihre Lehre in solcher sentenzhaften Verallgemeinerung einen weit größeren Eindruck machte und zugleich eine weisere erzieherische Beruhigung gewährte, als wenn sie mir vorgehalten hätte, ich hätte mich in dem und dem besonderen Falle besonders dumm, ungeschickt oder töricht benommen. Sie hat uns nie gestraft mit kleinen Maßnahmen, Verboten oder Züchtigungen. Ihre humorvolle Kraft war so stark, daß sie uns bezwang, ohne daß wir es wußten.

Waren ihre Lehren zwar gewiß zugleich gutmütig und unvergeßlich, so hat sie mir doch auch eine erteilt, die mehr als das war und an der ich mein ganzes Leben getragen habe. Zum Bild des Mains, wie wir es damals von den Fenstern der großelterlichen Wohnung in uns aufnahmen, gehörten auch immer eine Anzahl Angler, die eine ziemlich harmlose Jagd auf kleine Weißfische machten. Sie standen sehr geduldig und gefahrlos, wie es uns schien, drunten am Ufer oder drüben auf der Maininsel, und ab und zu konnten wir beobachten, wie sie einen glänzenden zappelnden Fisch aus dem Wasser schnellten und von der Angel lösten. Es muß während jener Zeit gewesen sein, gerade bevor ich in die Schule kam, daß uns diese Beschäftigung reizte. Wir fanden sie lustig und lehrreich und sagten der Großmutter, wir wollten auch angeln. «Angelt zum Fenster hinaus!» sagte die Großmutter, die uns offenbar nicht unbeaufsichtigt an den Fluß hinuntergehen lassen wollte, für die aber jedenfalls Angeln keine Beschäftigung war.

Nun weiß jeder, der die Verhältnisse kennt,

daß da vor den Häusern der Schönen Aussicht
erst die Straße lief, dann die hohe Ufermauer
abfiel, unten dann die Geleise der Mainuferbahn
auf einem immerhin erhöhten Damm sich hinzo-
gen, danach der Leinpfad und davor erst die
Steine und der Sand des Ufers zu überschreiten
waren, um ans Wasser zu gelangen. Aber das
kümmerte uns vorerst nicht. Wir machten uns
aus einem Stock des Großvaters, einer Schnur
und einer umgebogenen Stecknadel ein primiti-
ves Angelgerät zurecht, für jeden eines, und an-
gelten zum Fenster hinaus. Ganz folgerichtig
betrachteten wir die Menschen auf dem Bürgersteig als die Fische, die sich fangen und anbeißen
sollten, und führten also unsere Angelhaken artig und verlockend in Mund- und Nasenhöhe
der Vorübergehenden hin und her. Es dauerte
nicht lange, als die Klingel ging und der dicke
Polizeiwachtmeister erschien. «Frau Rat! das
geht nit», sagte er betreten, «die Leut' be-
schwer'n sich!» Die Großmutter lachte, versprach
Abhilfe, und wir mußten unsere Angelruten ein-
ziehn. Aber wir drängten nun nach dem Main;
die Großmutter hatte es doch nun einmal er-
laubt, und nur aus dem Fenster konnte man
eben nicht angeln. Zu unserem grenzenlosen Ju-
bel gab die Großmutter kurz entschlossen nach,
bald standen wir unten am Wasser, warfen unsere gebogenen Stecknadeln nach Fischen aus,

und die Großmutter – ich sehe sie noch – ging in ihrem Seidenkleid, einen grünseidenen Knikker – wie sie damals Mode waren – gegen die Sonne haltend, hinter uns auf den Steinen auf und ab. Sie erwartete ihren Triumph wortlos und in voller Ruhe. Das Drama mußte seinen Lauf nehmen. Nach einer Weile zog es sich denn auch zusammen. Kleine Fische, die arglos bis zu unseren Füßen heranschwammen, nahmen nicht die leiseste Notiz von unseren Angelhaken, die wir ihnen maulgerecht hinhielten; ein Angler in meiner Nähe, der einen Fisch gefangen hatte, hantierte mit seinem Angelhaken in einer Weise, die in mir den Verdacht hochkommen ließ, daß da doch noch etwas besonderes dabei sei, was mir vorenthalten war.

Es wurde kein Wort gesprochen. Nach einer weiteren Weile, die einem letzten schon ungläubigen Versuch galt, sah ich meinen Bruder an, und wir zogen in stillem Einverständnis unsere Angelschnüre ein. Schweigend wurde der Heimweg angetreten, schweigend folgte uns die Großmutter, und vom Angeln war nicht mehr die Rede.

Mich aber bestürmte etwas, was bisher niemals auch nur sich in mir geregt hatte. Ich verdachte es meiner Großmutter nicht im mindesten, daß sie uns aufsitzen ließ, daß sie sich mit solchen Mitteln aus einer ihr unbequemen Affäre zog, daß sie mich verspottete. Sie spottete gern und oft. Mein Verhältnis zu ihr blieb ungetrübt. Das war es nicht. Aber der erste Zweifel fiel in mein kindliches Herz. Wozu ich sicher keine Anlage hatte: mit diesem Augenblick wurde ich Skeptiker. Man mußte auf seiner Hut sein. Mit dem Fischzeug, mit dem die Großmuter uns an den Main ziehen ließ, konnte man nicht fischen. Man mußte sich in Zucht nehmen, um auf der Hut sein zu können. Meine Beobachtung verschärfte sich. Ich glaubte nichts, was ich nicht mit eigenen Augen sah. Ganz gewiß: man konnte niemandem trauen. Man durfte ja vielleicht, man mußte oft genug sogar auch andern trauen; aber es war besser, es war die Lehre dieses Erlebnisses und das Erlebnis in einem: allem – ja schließlich auch sich selbst – zweifelnd gegenüber zu stehn. Es war mir im Grunde ganz wohl dabei, als ich den ersten Stoß überwunden hatte. Es gefiel mir, weil ich dadurch wieder ein Stück mehr auf mich selber verwiesen wurde. Es stak irgend eine Erprobung eigener Kraft darin, ähnlich wie bei dem Erlebnis am Rhein und der Erprobung, die ihm folgte. Dies schien mir wichtig. Die Großmutter hatte mich beschämt wie ein Kind; aber sie hatte mich zugleich dem Kind, das ich vor einer Viertelstunde noch war, ungeheuer überlegen gemacht. Der Zweifel an mir selbst kam später; aber er entstand in der Folge dieses ersten frühen Zweifels wie das natürliche Wachstum aus einer Saat. Ich konnte ihn sozusagen bis an die Stelle seiner Geburt verfolgen.

Wenige Tage schon nach dieser Begebenheit wurde mir der Beweis meiner zweifelnden Verfassung zuteil. Meine Großmutter hatte uns in den Zoologischen Garten mitgenommen. Das Füttern der Fische von der Brücke des Weihers, das Drängen der dicken glitschigen Leiber und das dumm-gierige Schnappen der runden Mäuler um den Brotbrocken war nur das gewohnte Vorspiel. Die große Aufführung fand im Bärenzwinger statt. Dort lockten wir von dem oberen Umgang aus die Bären mit einem durchbohrten, an eine lassoartige Schnur gebundenen harten Brötchen auf den mächtigen Kletterbaum, der in der Mitte des Zwingers angebracht war. Das Lasso flog, das Ende mit dem Brötchen wickelte sich oben um die höchste Gabelung des Baumes, der Bär kam.

Diesmal kam er nicht. Er saß vielmehr dicht am Gitter des Käfigs und äugte gelangweilt nach oben. Daher wurde meine Großmutter die Treppen heruntergeschickt, um ihn von außen zu ermuntern. Der Bär blieb in seiner Stellung. Ich schöpfte Verdacht. Sicher stocherte sie ihn nicht gehörig mit ihrem Sonnenschirm. Ich eilte die Stufen hinunter. Aber da stand die Großmutter mit Hoh! und Hallo! und stieß nach den Kräften ihres Schirmchens den Bären aus dem Abstand der Barriere in das dicke Fell. Ich schämte mich, sie kontrolliert zu haben, und wurde betreten. Meine Großmutter erkannte meine Verfassung, und da sie wohl wußte, daß sie es war, die sie verschuldet hatte, versuchte sie wieder gut zu machen, was sie mir angetan hatte. Sie hat seitdem jedes meiner Worte, ja jeden meiner Blicke, jeden meiner Schritte und jeden meiner Wünsche, die ich zu ihr brachte, mit einem zarten Ernst aufgenommen, den ich nie vergessen werde.

Enkelmund

«Kommst du spielen», fragt die achtjährige Lotte ihre Freundin Ulla.

«Ich muß meiner Mutter beim Abwasch helfen.»

«Ja habt ihr denn keine Oma fürs Grobe?» kommt die erstaunte Antwort.

CARL SPITTELER

Geliebte Großmutter

Tag und Nacht, immer von neuem Tag und Nacht – wozu? Auf allen Seiten ungeheuerlich viele Dinge, die einen nichts angehen – wofür? Doch aus dem wüsten Wirrsal taucht zu Zeiten ein holdes Gesicht, und so oft das Gesicht nahe kommt, wird einem wohl. Jetzt braucht man nicht mehr zu wissen, warum, fragt überhaupt nicht mehr nach etwas anderm. Dieses Gesicht wurde mir lieb, und mit der Zeit, als ich anfing, Worte zu verstehen und nachzulallen, lehrte man mich seinen Namen: «Großmutter».

Man kann heißer und leidenschaftlicher, aber nicht inniger und seliger lieben, als ich in meinem ersten Lebensjahre meine Großmutter liebte. Eine ruhige, stetige Liebe ohne Trübung, glücklachend, herzjauchzend, mit selbstverständlicher Gewißheit der Gegenliebe, eine Liebe, frei von Wünschen und Seufzern, von Werbung, Versteckspiel und Verschweigen. Lauter Gewinn: Trost, Labsal und Erquickung.

War die Großmutter leiblich zugegen, so liebkoste ich sie. Doch nicht etwa mit Küssen – pfui! was haben nur die Großen ewig mit ihrem dummen Küssen! –, sondern mit zärtlichen Händen das traute Gesicht betastet, einerlei wohin, auf den Mund, auf Stirn und Augen, auf die unvergleichlichen runzligen Backen. Es kam vor, daß sie mürrisch dreinschauen, schmälen, schelten wollte. Warum nicht gar! Strenge aus diesem Munde? Das nahm ich gar nicht ernst, das lachte ich einfach weg.

Vielleicht noch glückstiftender wirkte die abwesende Großmutter. Ihr Name, der alles Gute enthielt, vergoldete meine Träume, versüßte mir Feld und Flur. Fremd und kalt glotzte mich die Umwelt an; ein Aufleuchten der Vorstellung von der Nähe der Großmutter, so war das Gelände entsühnt, gesegnet, verwandt.

Es war eine treue Liebe; zehn Jahre hat sie ungemindert vorgehalten, allmählich durch Hinzukunft der Sehnsucht sich sogar noch steigernd, und als sie später nachließ, lag die Ursache nicht an mir. Die größte Bedeutung aber hatte sie für mich am Lebensanfang. Denn in meinem ersten Jahre bedeutete mir die Großmutter mein Glück, meine Poesie, mein verklärtes Ich.

Wenn ich gegen Ende meines ersten Lebensjahres, also etwa nach meinem erstmaligen Ausflug nach dem Steinenbrücklein auf dem Arm der Großmutter, gestorben wäre, so würde ich dort, von wo ich herkam, während man in Liestal ein kleines Kind mehr begrub, den Mund zum Erzählen weit aufgemacht und nach einem langen tiefen Atemzug Unerschöpfliches davon zu berichten gewußt haben, was ich alles auf der Erde Erstaunliches gesehen und erlebt. Und hätte man mich dann geheißen, den Inhalt meiner irdischen Erlebnisse zusammenzufassen, so würde ich gesagt haben: «Viel Gras und Liebe.»

Ich zweifle, ob ich in meinem ganzen späteren Leben wesentlich Neues dazu erlebt habe.

Wenn mich aber jemand fragte: «Wann in deinem Leben warst du am meisten Ich? welches deiner Ich in den verschiedenen Lebensstufen geht dich am nächsten an? welches davon würdest du bekennen, falls du wählen müßtest?» – so würde ich antworten: «Das meiner frühesten Kindheit.»

MARGOT BENARY-ISBERT

Vom Glück des Großmutterseins

Nein, es kommt kein telegrafischer Hilferuf. Habe ich vielleicht doch im stillen darauf gewartet? Gleichviel, es kommt keiner. Sie haben es allein überstanden, die jungen Eltern, und wenn man ihren Berichten glauben kann, dann ist alles großartig gegangen.

Inzwischen ist David acht Monate alt geworden, und es ist nun soweit, daß die Tochter mit ihm ein Flugzeug besteigen und zu den Großeltern fliegen wird, um ihnen endlich den Enkel vorzuführen.

Die Großmutter hat doch ein wenig Herzklopfen in Gedanken an den Flug, obwohl ihr selber das Fliegen nichts ausmacht. Ihr Mann beweist ihr anhand unanfechtbarer Statistiken, daß Fliegen nicht gefährlicher ist als Eisenbahnfahren, von Autofahren ganz zu schweigen. Das glaubt sie alles gern. Sie ist ja keine rückständige Großmutter. Es soll ihr keiner nachsagen, sie ginge nicht mit der Zeit. Sie ist sogar bereit, die neuen Methoden der Kinderbehandlung, die man ihr jetzt demonstrieren wird, mit Toleranz, wenn auch mit einigen Vorbehalten, hinzunehmen. Wenigstens hat sie das fest vor.

Aber was bedeuten die leichten Beklemmungen gegenüber der Freude, den Enkel, von dem bereits etliche reizende Bildchen in die Hände der Großeltern gelangt sind, nun endlich persönlich kennenzulernen.

Die Tochter entsteigt dem Flugzeug und hat den Enkel auf dem Arm. Sie ist nicht mehr das schmale Mädchen vom vorigen Jahr, sondern eine blühende junge Frau, Stolz auf den Sprößling ausstrahlend wie eine kleine Sonne.

Dazu hat sie auch Grund. Selbst in dem eiligen Hin und Her des Flugplatzes finden viele der Vorübergehenden Zeit, einen Blick des Wohlgefallens auf das großäugige Wunder auf Cordulas Arm zu werfen. Davids Eltern fanden ja schon in der Klinik ganz objektiv, er sei das hübscheste Kind der Weltgeschichte, und genauso objektiv schließt sich die Großmutter augenblicklich dieser Ansicht an. Sie tut es mit ein wenig Selbstironie, denn sie hat noch Besinnung genug, ihrer eigenen Objektivität nicht ganz zu trauen. Wahrscheinlich, sagt sie sich, ist es eben das Wunder der Kindheit an sich, was ihr so ans Herz geht: die sich öffnende Menschenblüte, die immer etwas Hinreißendes hat, wenn sie nur gesund und wohlgebildet ist. Und daß das nun ihr Enkel ist, macht sie freilich auf eine atemberaubende Weise glücklich. Offenbar strahlt etwas von diesem Glück auf David über, denn als die Großmutter die Arme öffnet, um der Mutter das schwere Bündel abzunehmen, strebt er bereitwillig zu ihr. Noch ist er in dem Alter ungetrübten Zutrauens, im Zustand paradiesischer Unbefangenheit. Aber wir wissen, daß der Baum der Erkenntnis mit seiner bittersüßen Frucht irgendwo auch auf ihn wartet. Was werden Welt und Menschen aus diesem vollkommenen kleinen Geschöpf machen?

Das ist eine der Fragen, die sich viele Großeltern stellen werden. Wir Alten kennen die Welt ja einigermaßen, nicht wahr? Wir wissen, wie schnell sie es fertigbringen wird, den Spiegel der vertrauenden Unschuld mit ihrem Anhauch zu trüben. Noch ist er makellos rein und klar. Genießen wir diesen Zustand, so lange oder so kurz er währt.

Es zeigt sich, daß David nicht nur ein hübsches, sondern auch ein gutes Kind ist. Er entbehrt seine Mutter noch nicht; er fühlt sich genauso geborgen in der Obhut der kürzlich noch fremden Großmutter.

Morgens machen wir eine kleine Ausfahrt an den See. Dann wird er gefüttert und zum Schlafen hingelegt. Später sitzt er im Garten in dem geliehenen Ställchen, sieht Wolken zu, die weiß über den blauen Himmel ziehen, dem Tanz der ersten fallenden Blätter, die er zu haschen versucht, einem Rotbrüstchen oder einem späten

Schmetterling. Die Apfelbäume lassen ab und zu eine Frucht fallen, als wollten sie David beschenken.

Am Abend planscht er vergnügt in der kleinen Wanne, braun von Sonne und Luft wie eine Haselnuß, ein barocker Putto voller Grübchen und Kurven, offenbar mit sich und der Welt tief einverstanden. Zum erstenmal seit langer Zeit erlebe ich wieder das noch ganz unversehrte Sichselbstgenießen, wie es nur Kleinkinder und junge Tiere haben. Und wie oft in diesen Tagen der ersten Begegnung fühle ich gleich einer warmen Quelle in mir das Glück des Großmutterseins.

Daß David immer mit allem ganz einverstanden wäre, darf man nun auch nicht behaupten. Er ist abends spät noch einmal gefüttert worden, hat genug frische Luft und Bewegung genossen, und die Großmutter meint, man könne erwarten, daß er seine neun bis zehn Stunden friedlich durchschläft. Zu ihrer Zeit bekamen Kinder nach ihrer abendlichen Flasche nichts mehr bis zum nächsten Morgen. Punktum. Viele Mitgroßmütter versichern, daß es mit ihren Enkeln auch heute noch so gehandhabt wird, und daß sie dabei ebensogut gedeihen, wie es unsere Kinder einst taten. Hier aber gilt es als barbarisch, ein Kind schreien zu lassen. David schreit nicht einmal, das hat er nicht nötig. Er meldet sich nur – und sofort steht seine Mutter auf und tröstet ihn mit einer Flasche . . .

Nun schlief David, der von Geburt an ein großes, kräftiges Kind war, bereits nach drei Wochen von zehn Uhr abends bis morgens um sieben brav durch. Warum verlangt dann der seit Monaten «durchschlafende» David plötzlich nachts eine, zuweilen zwei Flaschen? Das ist, weil er zahnt, bekomme ich erklärt. Ich bemerke, daß man ihm dabei ja leider nicht viel helfen kann, und daß er sicher schneller wieder einschliefe, wenn man ihn nicht erst völlig wach machte.

Recht bescheiden bringe ich meinen Einwand vor, um keinen Anstoß zu erregen. Die Tochter erwidert mir, das seien längst überholte Ansichten. So könne man heutzutage ein Kind nicht behandeln, wolle man nicht riskieren, daß es jedes Gefühl von Sicherheit verliere, ja geradezu eine tiefgreifende Lebensangst entwickle. Worauf ich alles, was sonst noch zu sagen wäre, entschlossen herunterschlucke.

Zum Beispiel, daß ich daran glaube, daß er nicht daran denken würde, seine Mutter nachts zu wecken, wenn er nicht wüßte, daß dann sofort eine immer willkommene Mahlzeit eingeschoben wird und eine kleine freundliche Unterhaltung mit der Mutter stattfindet. Um es vorweg zu sagen: David wacht auch mit zwei Jahren noch manchmal nachts auf und verlangt dann die gewohnte Flasche. Damals war es das Zahnen. Jetzt hat er schwere Träume, wie mir seine Mutter erklärt ...

Die Sache mit den Mahlzeiten ist ein Anlaß zum Nachdenken. David ißt genau soviel oder sowenig, wie er will. Es kann gut sein, daß er nach einer Stunde wieder Hunger hat. Was dann? Nun, dann bekommt er eben nach einer Stunde wieder etwas, warum denn nicht? Es könnte ja auch sein, daß er nur etwas anderes wollte, als auf seinem Teller war. Zum Beispiel etwas, was die Erwachsenen gerade essen. Wie etwa die schöne Melone mit dem zartrosigen Fleisch. David kostet davon mit soviel Ausdauer, daß von der Melonenscheibe nichts übrig bleibt.

Die Großeltern sehen sich bedenklich an, sagen aber nichts. Auch die Tochter scheint hinterher ihrer Sache nicht ganz sicher zu sein. Man könne ja mal bei Dr. Spock nachschlagen, meint sie. Und was sagt Dr. Spock? Daß man mit zwei Jahren unbedenklich anfangen könne, dem Kind etwas Melone zu geben. David ist achteinhalb Monate.

Die Nacht über sind wir dann doch alle etwas besorgt, obwohl es keiner dem anderen eingesteht. Als er am nächsten Morgen genauso fröhlich wie immer aufwacht, sieht seine Mutter das als Zeichen an, daß der gesunde Instinkt des Kindes ganz von selbst nur nach dem greift, was ihm zuträglich ist. Als der gesunde Instinkt am gleichen Tag nach einem grünen Apfel greift und sich etwas später eine Handvoll Sand in den Mund stopft, muß seine Unfehlbarkeit denn doch in Zweifel gezogen werden.

Spinat dagegen, der doch bekannterweise Eisen und sonstige hochwichtige Dinge enthält, lehnt der Instinkt entschieden ab ... Spinat ist nämlich nach neueren Forschungsergebnissen durchaus nicht gesund, ganz im Gegenteil. David ist also berechtigt, zu Spinat nein zu sagen, wie es seine Vorfahren taten. Er ist es um so mehr, als er eine Vorliebe für sonstige, als gesund geltende Sachen hat: Obst, Milch, Quark, Kohlrabi und Blumenkohl, Rindfleisch und Leber.

Hier hat nun die Großmutter wieder Gelegenheit, die Errungenschaften der neuen Zeit zu bewundern. Was haben wir einst mit all dem Zerkleinern und Durchpassieren für Mühe gehabt! Nichts mehr davon. Man kauft jetzt Kleinkindermahlzeiten in appetitlichen Einmachgläsern. Natürlich wird neben der fabrikfertigen Nahrung auch dafür gesorgt, daß David genug Rohkost bekommt. Sein Brot ist aus steingemahlenem Vollkornmehl. Oft backt seine Mutter dieses Brot selbst. Süßigkeiten sind absolut tabu. Auch hier vertraut seine Mutter wieder auf den gesunden Instinkt, von dem sie annimmt, daß er später von selbst all die verderblichen Zuckerdinge ablehnen wird, wenn ihn nicht die Erwachsenen in ihrer Unvernunft auf Abwege locken.

Wir locken nicht, das steht fest. Eisern enthalten sich die Großeltern, auch nur mit einem Gutsel um Davids Gunst zu werben. Bekommen gleichaltrige Kinder bei Einladungen ein Stück Kuchen oder ein Plätzchen, so kriegt David statt dessen eine harte Brotkruste in die Hand gedrückt, auf der er einstweilen noch ebenso vergnügt herumkaut wie die bedauernswert falsch ernährten Kinder auf ihren Süßigkeiten.

Einmal aber begibt es sich, daß einer kleinen rothaarigen Anne, die im gleichen Ställchen wie er untergebracht ist, ein Stück Schokoladenkuchen vom Tisch der Erwachsenen gereicht wird. Für David hat man gefälligerweise, wenn auch etwas befremdet, die übliche Brotkruste aus der Küche herbeigeholt. Er übersieht ruhig die Lage, und auf einmal kommt ihm das Braune in der Hand des kleinen Mädchens erstrebenswerter vor, als das, was er selber hat, durchaus im Einklang mit dem Wesen der menschlichen Natur, wenn auch nicht mit dem unverbildeten Instinkt. Ohne zu zögern greift er nach dem, was er haben möchte, und eignet es sich an. Mit unglaublicher Geschwindigkeit und sichtlichem Wohlgefallen frißt er den Schokoladenkuchen mit Stumpf und Stiel auf ...

Spät am Abend, wenn Davids Mutter bereits schläft, denn sie muß sich ja dranhalten, wenn sie zu ihrem Quantum Ruhe kommen will, spät am Abend sitze ich jetzt immer noch ein Stündchen auf dem Bettrand meines Mannes und berichte ihm, was ich den Tag über Neues erlebt und gelernt habe, denn er soll doch auch teilhaben an dem beglückenden und zuweilen bestürzenden Erlebnis der Großelternschaft. So erzähle ich ihm denn von meinen Erfahrungen, auch von der des gelegentlich versagenden Instinktes. Wir lächeln und kopfschütteln miteinander. Manches kommt uns erstaunlich, manches ein bißchen verdreht vor, und es tut gut, alle diese Eindrücke miteinander zu teilen und sie am Ende des Tages gelassen ausklingen zu lassen. Es bleibt nicht aus, daß sich manchmal Besorgnis in die Heiterkeit mischt. Wie wird es hinausgehen mit der naiven Unbekümmertheit der jungen Mutter? Sie scheint gar nicht zu ahnen, daß auch einmal etwas schiefgehen kann. Wir erklären uns das mit der an sich beneidenswerten Lebenssicherheit junger Menschen, denen die Wirklichkeit des Todes noch so fern ist, weil sie seinen Einbruch in ihr eigenes Dasein noch nicht erlebt haben. Aber beide Großeltern haben zum Glück die Gabe des Humors, der sie davor bewahrt, die Dinge tragisch zu nehmen. Sie versichern einander, daß ja zu allen Zeiten Enkel gesund aufgewachsen sind (mit verhältnismäßig wenigen Ausnahmen), obwohl die sorgende Liebe der Großmutter es kaum für möglich gehalten hätte.

Als Tochter und Enkel nach zwei ungetrübten glücklichen Wochen wieder abfliegen, sind die Großeltern um einige Erfahrungen und um viele Freuden reicher.

JOHN DONOVAN

Das Geburtstagsgeschenk

Ich habe früher nie viel über meine Großmutter nachgedacht. Ich bin zu ihr gekommen, als ich ungefähr fünf Jahre alt war, noch ehe ich in die Schule kam, und ich meine, Kinder von fünf denken sowieso nicht viel nach. Ich wußte, daß die meisten Buben und Mädchen, die ich dann in der Schule kennenlernte, bei ihren Eltern lebten. Aber sie hatten auch Großeltern, und manchmal erzählten sie, wieviel Geld die Großeltern ihnen zum Geburtstag geschenkt und zu welchen tollen Ausflügen die Großeltern sie mitgenommen hatten. Keines der Kinder sprach von seinen Großeltern so, als ob es sie auch richtig kennen würde oder sie überhaupt kennenlernen wollte. Vielleicht war ich ein bißchen verlegen, wenn ich nachmittags nach der Schule Kinder zum Spielen mit heimbrachte und sie meiner Großmutter vorstellte und dann auf die Frage wartete, die alle Kinder stellten, wenn auch jedes auf andere Weise. Es ist wirklich ulkig, wie taktvoll kleine Kinder auf unverblümte Art sein können. Rosemary Mayer, die immer hübsche Kleider trug und eine Menge Hausaufgaben machte, lieferte den Kommentar, der mir am besten gefiel. Als ich sie Großmutter vorstellte, drehte Rosemary sich zu mir um und sagte: «Und deine Eltern, Mr. und Mrs. Ross, sind die in Europa auf Reisen?» Das ist doch gut für ein Kind von sieben Jahren.

Großmutter war ungeheuer ordentlich. Jedes Ding hatte seinen Platz, und da mußte es bleiben oder es wurde weggeworfen. Unangenehme Dinge vergaß Großmutter. Und wenn irgend etwas Schreckliches passierte, wie zum Beispiel damals, als ich einen Zirkel nach einem Jungen in der Schule schmiß, auf den ich wütend war, hat Großmutter mich bestraft und anschließend so getan, als wäre die Sache nie passiert. Nicht, daß sie sich für mich geschämt hätte, es war ihr einfach unangenehm, sich einzugestehen, was für ein schreckliches Unglück ich beinahe angerichtet hätte. Nach der Geschichte mit dem Zirkel machte ich mir Sorgen. Ich wußte jetzt, daß ich jähzornig bin. Und darüber wollte ich mit Großmutter reden, aber jedesmal, wenn ich bloß davon anfing, hat sie mich mit einem Blick zum Schweigen gebracht.

Heute weiß ich, daß für Großmutter alles ziemlich schwierig gewesen sein muß. Ich habe nie in ihrem Paß nachgesehen, aber über sechzig war sie sicher. Und da kriegt sie auf einmal einen Jungen aufgeladen, der erst in die Schule kommt; gerade als sie sich das Leben ein bißchen einfacher machen wollte, soweit Großmutter das überhaupt konnte, das Leben einfach nehmen. Wie ich schon sagte, hatte in ihrem Haus jedes Ding seinen festen Platz. Als ich klein war, habe ich natürlich alles angefaßt. Das hat Großmutter nervös gemacht, und je nervöser sie wurde, desto mehr Sachen habe ich angefaßt. Zuerst waren es die Aschenbecher. Ich dachte, es wäre egal, ob ich einen Aschenbecher kaputtschlüge, denn Großmutter rauchte nicht und trug den Aschenbecher immer sofort nach der ersten Zigarette hinaus und leerte ihn, wenn Besuch da war. Das war ihre Methode, um zu verhindern, daß der Besuch auch noch eine zweite Zigarette rauchte. Wenn das nichts nutzte, riß Großmutter sämtliche Fenster im Wohnzimmer auf. Den

Wink verstanden die meisten. Aber manche Leute kapierten nicht einmal das, und deshalb bekam Großmutter ein paarmal eine Erkältung.

Ich hantierte auch mit anderen Sachen herum. Es dauerte nicht lange, da hatte Großmutter alles weggeräumt und verschlossen oder so hoch hingestellt, daß ich eine Leiter gebraucht hätte, um daran zu gelangen. Das meine ich, wenn ich sage, daß es schwierig für sie gewesen sein muß. Sie hatte sich ihr Haus für sich eingerichtet, nicht für Kinder, und dann mußte sie sich umstellen. Sie machte gar kein Theater deswegen. Sie räumte bloß alles weg. Erst vor ungefähr einem Jahr hat sie angefangen, nach und nach alles wieder hervorzuholen und aufzustellen. Ich glaube, Großmutter hat gar keine Gelegenheit gehabt, auf die Weise alt zu sein wie die meisten anderen alten Leute. Sie hat sich immer dafür interessiert, wie es mir in der Schule ging, und für meine Freunde. Sie hat sich Mühe gegeben, gute Eltern zu sein. Sie hat nie den Spaß gehabt, bloß Großmutter zu sein. Und jetzt ist sie tot.

Großmutter hat gewußt, daß es ihr nie gelingen würde, alles zusammen zu sein, Eltern und Großeltern, und daß unsere Beziehungen immer ein bißchen seltsam sein würden. Kurz vor meinem achten Geburtstag fragte sie mich: «Macht es dir etwas aus, wenn ich dich diesmal nicht

frage, was du dir wünschst, David?» Ich wußte
nicht, was ich davon halten sollte, und deshalb
nickte ich nur. Ich hatte gerade an dem Morgen
einen Scheck über fünfundzwanzig Dollar von
meinem Vater bekommen, also war es ziemlich
egal, was ich sonst noch kriegen würde.

Zwei Tage später, an meinem Geburtstag,
hörte ich ein seltsames Geräusch aus der Küche,
als ich von der Schule heimkam. Ich rannte hinein. Großmutter stand über eine Kiste gebeugt,
die mit alten Zeitungen ausgepolstert war und
streichelte fünfundzwanzig Zentimeter schwarzen Dackel. Das war Fred. Sie hob ihn hoch und
hielt ihn mir hin.

«Wir gratulieren zum Geburtstag, David.»

Meine Augen müssen so groß wie Tennisbälle
geworden sein. Fred zappelte zwischen Großmutters Händen. Als ich ihn nahm und an mich
drückte, pinkelte er mir die ganze Jacke voll.
Großmutter und ich lachten. Fred schleckte mir
wie verrückt das Gesicht ab.

Wenn es schnell gehen muß:

Tuttifrutti.
Der Boden einer flachen Schale wird mit Makronen oder Keksen ausgelegt. Auf das Gebäck gibt man je einen Teelöffel Himbeer- oder Johannisbeergelee oder Erdbeerkonfitüre. Darüber gießt man heiße Vanillecreme, die man erkalten läßt.

Reisauflauf mit Aprikosen
375 g Reis, 125 g Butter, 125 g Zucker, Vanille, etwa 1 1/2 l Milch, 8 Eier, in Zucker eingekochte Aprikosen, Aprikosenkonfitüre.
Der Reis wird zum Kochen gebracht, abgegossen und nachher mit Butter, Zucker, einem Stück Vanille und der Milch langsam weich und steif gekocht, die Körner sollten dabei ganz bleiben. Alsdann läßt man ihn ausdampfen, rührt das Gelbe der Eier und die zu Schnee geschlagenen Eiweiß leicht darunter, gibt eine Lage Reis und eine Lage Aprikosen in die Auflaufform und läßt das ganze eine Stunde bakken. Beim Auftragen rundherum und in der Mitte mit Aprikosenkonfitüre garnieren.
Damit es ganz bestimmt für dehnbare Enkel-

mägen reicht: Das Rezept aus Großmutters Kochbuch ist für 12 bis 14 Personen bestimmt!

Worauf Enkel sonst noch bei Großmüttern hoffen:
- auf dick, ganz dick bestrichene Marmeladenbrote
- Früchtekuchen mit Sahne
- Eis in jeder Variation, am schönsten noch selbstgedreht
- Sirup und Säfte
- Rote Grütze
- Schokoladenpudding
- eine bestimmte Keksdose, die auch in allerletzter Not noch eine Reserve an Schokolädchen, Bonbons oder Keksen enthält
- eingemachte Früchte
- frisches Brot mit dick Quark und Schnittlauch
- eine Schürze und Geduld, wenn die Enkel beim Kochen helfen
- Fruchtsalat
- süße Aufläufe
- und auf alles, was es zu Hause nicht gibt!

PETER HÄRTLING

Was an Oma anders ist

Kalle gewöhnt sich rasch an Oma, wenn er auch ihre Wohnung komisch findet. Aber schließlich hat die Oma alle diese Möbel schon viele Jahre und kann sich seinetwegen nicht neu einrichten. Er hat *fast* ein eigenes Zimmer. Tagsüber näht Oma darin. Abends muß er dann immer Nadeln auflesen, damit er sich nicht in die Füße sticht.

Vieles an Oma ist anders als bei anderen Leuten. An einem der ersten Abende ging Kalle, weil er nicht einschlafen konnte, noch einmal ins Bad, das neben seinem Zimmer liegt. Er erschrak fürchterlich, als er in einem Wasserglas Omas Zähne sah. Er traute sich nicht, sie anzufassen, weil er fürchtete, sie könnten auch ohne Oma zuschnappen.

Am Morgen fragte er: Seit wann kann man Zähne aus dem Mund nehmen? Ich kann das nicht.

Die Oma erklärte ihm: Das sind gar nicht meine Zähne. Meine Zähne sind alle weg, die habe ich verloren. So wie du deine Milchzähne. Nur wachsen zum drittenmal keine nach. Also kriegt man welche gemacht.

Mußt du die auch putzen? fragte Kalle.

Die Oma wollte nicht weiter über ihre dritten Zähne reden und sagte: Das ist doch alles nicht so wichtig, Kalle.

Der ganze Tagesverlauf war bei Oma anders als zu Hause, mit Vater und Mutter. Die Oma stand noch früher auf als Vater, obwohl sie nicht ins Büro mußte. Sie erklärte auch warum: Mich zwickt und zwackt es am ganzen Leib. Das ist die Gicht, weißt du.

Kalle konnte sich die Gicht nicht vorstellen und sagte: Besucht dich jemand in der Nacht? Die Gicht?

Die Gicht ist eine Krankheit, sagte die Oma, die man im Alter kriegt.

Schon um sechs rappelte sie im Nebenzimmer herum, und dadurch wachte Kalle jedesmal auf. Nur hatte er keine Lust, ebenso früh aufzustehen, und zog sich die Decke über den Kopf und dachte an Vater und Mutter. Das tat er lange, fast ein Vierteljahr, bis er zur Schule kam und viele Freunde hatte.

Gefrühstückt wurde um sieben. Die Oma hatte eine Tasse, die war dreimal so groß wie die Tassen zu Hause. Es war ihr Kaffeenapf. Den machte sie bis zum Rande voll und schlürfte. Sie tat das, was Mutter ihm verboten hatte.

Er sagte: Schlürf nicht, Oma. Sie schaute ihn erschrocken an, setzte die Tasse ab und fragte: Sag mal, kannst du so mit mir reden?

Er sagte: Mutter hat immer gesagt, ich soll nicht schlürfen. Und du schlürfst.

Von da an bemühte sich Oma, nicht zu schlürfen. Es fiel ihr so schwer, daß sie beim Frühstück die Tasse nur zur Hälfte austrank und dann, wenn er im anderen Zimmer spielte, die zweite Hälfte ausschlürfte.

Oma hatte beschlossen, ihn, bevor er in die Schule kam, nicht noch einmal in den Kindergarten zu geben.

Es ist besser, wir gewöhnen uns in diesem halben Jahr aneinander, Kalle, hatte sie gesagt.

Er fand es erst blöd, dann gut. Denn die Tage mit Oma waren abwechslungsreich, und es passierte immer wieder etwas. Vormittags trug er mit Oma Zettel aus. Oma bekam diese Zettel von irgendwelchen Fabriken. Auf denen stand, daß im «Astoria» eine Vorführung von Waschmaschinen ist und man auch ein Geschenk bekommt, oder daß man unbedingt den Kaffeefilter «Tausendsassa» kaufen soll.

Dafür bekomme ich nicht viel, sagte Oma, aber die Sache hält mich in Bewegung. Außerdem würde ich mir den Kram nie kaufen. Du weißt gar nicht, wie dumm Leute sind.

Wo die Oma hinkam, kannten sie die Leute. Dann machte sie ihren «Plausch». Das war Kalle eigentlich langweilig. Da er aber oft Bonbons bekam, blieb er dabei und behauptete: Ich find's ganz schön, wenn du austrägst.

Nach dem Austragen wurde eingekauft. Oma war in den Geschäften des Viertels gefürchtet. Sie ließ sich nämlich nichts vormachen. Sie sagte: Wenn ich jeden Groschen dreimal umdrehen muß, drehe ich auch dreimal das um, was ich mit dem Groschen kaufen will.

Kalle half ihr beim Umdrehen. Das ärgerte die Kaufleute. Einer sagte ihm, er solle seine dreckigen Pfoten von den Gurken lassen, worauf Oma ihn anherrschte: Waschen Sie ihre Gurken auch so oft wie der Kalle seine Hände?

Die Oma hatte einen tollen Witz, und das gefiel Kalle. Sie ließ sich nichts sagen und hatte vor niemandem Angst. Eher hatten die Leute Angst vor ihr. Wenn die Oma ein finsteres Gesicht zog, wurde der Kaufmann besonders freundlich. Sie machte immer neue Sprüche. Zum Beispiel sagte sie dem Bäcker alle drei Tage: Sagen Sie mal, schicken Sie Ihre Semmeln zur Abmagerungskur? Die sind schon wieder kleiner geworden. Und teurer.

Denen fiel dann meistens keine Antwort ein. Kalle begriff aber, daß die Oma ärmer war als die Eltern.

Wenn ich deine Waisenrente bekomme, wird es uns ein wenig besser gehen. Aber die Herren Beamten brauchen immer ihre Zeit. Die denken nicht an uns, sagte sie.

42

Kalle fragte, wer denn die Herren Beamten seien.

Das sind Leute, die hinter großen Schreibtischen sitzen, auf denen sie Papier hin und her schieben. Die machen, daß man Geld kriegt oder keines.

Kalle konnte nicht verstehen, daß es so mächtige Leute gab. Manchmal wünschte er sich, auch so mächtig zu sein, um Oma eine Menge Geld zu schenken.

Das Kochen ging bei Oma schneller als bei Mutter. Am Herd vertrödelt man nur Zeit, sagte sie.

Nach dem Essen setzte sich Oma an die Nähmaschine, und Kalle ließ sie runter in den Hof. Dort kannte er am Anfang keines der Kinder. Die machten sich über seine Sprache lustig. Er redet wie ein Ausländer, fast wie ein Türke, sagten sie. Ich bin kein Türke, sagte er. Sie glaubten es ihm erst nicht. Als er es Oma erzählte, sagte sie: Warum hast du ihnen nicht gesagt, daß du ein Türke aus dem Ruhrgebiet bist? Mein Gott, die Kinder sind schon so dumm wie ihre Eltern. Die glauben, daß ein Türke ein schlechter Mensch ist, nur weil er ein Türke ist.

Nach einiger Zeit durfte Kalle mit den Kindern spielen. Und wenig später verkloppte er sich zum erstenmal mit Ralph, der schon sieben war und der als einziger befehlen durfte. Er besiegte Ralph nicht. Aber er kämpfte so gut, daß Ralph ihm nicht böse war.

Ralph hatte einen Fehler. Er konnte nicht richtig reden. Er redete zwischen den Zähnen. Anstatt «siehst du» sagte er «schiehscht du».

Anfangs hatte Kalle darüber lachen müssen und es auch der Oma erzählt, die ihm sagte: Es ist gemein, wenn du den Ralph auslachst. Fast jeder von uns hat eine Macke. Ich hab keine, sagte Kalle.

Doch, du hast auch eine, sagte die Oma, weil du meinst, daß du keine hast. Das ist auch schon eine.

Und du? fragte er.

Weißt du, sagte sie geheimnisvoll, ich habe sogar eine arge. Ich zeige sie dir mal.

Ein paar Tage später kam sie barfuß aus dem Bad, zeigte auf den rechten Fuß.

Siehst du, da ist die kleine Zehe mit der zweitkleinsten zusammengewachsen. Das ist eine von meinen Macken.

Hast du noch mehr? fragte Kalle.

Denkst du, daß ich dir alle auf einmal verrate? sagte Oma.

Abends war es ganz anders als zu Hause. Da hatte ihn Mutter gebadet, und manchmal, wenn es spät geworden war, war der Vater dazugekommen, hatte gleich mitgeduscht, und es war ein richtiges Wasserfest gewesen.

Die Oma hatte ihm schon am ersten Abend den Waschlappen gegeben und ihm gesagt: Nun wasch dich mal.

Da hatte er, weil alles noch so durcheinander war, zu heulen begonnen. Die Oma mit. Deshalb hatte er wieder aufgehört und sich eben selbst gewaschen. Das machten sie von da an immer so. Die Oma setzte sich auf den Rand der Wanne und sah ihm beim Waschen zu.

Man kann dich richtig wachsen sehen, meinte sie.

Aber sie trocknete ihn ab. Das tat sie gern. Sie rubbelte ihn ungeheuer, bis er am ganzen Leib rot war, und sagte jedesmal: Das tut gut, Kalle, wie?

Eines war auch ganz anders als zu Hause: Wenn die Oma sich wusch, schloß sie sich ein. Offenbar hatte sie Angst vor ihm. Das fragte er sie auch nach einer Weile.

Sie sagte: Ach, Quatsch, Kalle. Nur sind alte Leute nicht mehr schön anzusehen.

Er sagte: Ich glaube, du schämst dich vor mir.

Sie sagte: Das stimmt, Kalle.

Er fand es nicht richtig, konnte aber Oma nicht dazu bewegen, die Badezimmertür offen zu lassen.

Sie sagte: Du bist Kalle, und ich bin Oma, du bist klein, und ich bin alt. Das ist der Unterschied. Sonst gibt's keinen.

den 24ten September 1795

Lieber Sohn!

Hier kommt der Juden kram – wünsche damit viel Vergnügen! Auch gratulire zum künftigen neuen Weltbürger – nur ärgert mich daß ich mein Enckelein nicht darf ins Anzeigenblättgen setzen lassen – und ein öffendlich Freudenfest anstellen – doch da unter diesem Mond nichts Vollkommenes anzutrefen ist, so tröste ich mich damit, daß mein Häschelhans vergnügt und glücklicher als in einer fatalen Ehe ist – Küsse mir deinen Bettschatz und den kleinen Augst – und sage letzterem – daß das Christkindlein Ihm schöne Sachen von der Großmutter bringen soll ... ich bin fröhlich und guten Muths – habe mir über den gantzen Krieg noch kein grauhaar wachsen lassen – schaue aus meinem Fenster sowie die Oestreicher ihre krancken auf Wagen fortbringen – sehe dem Getümmel zu – speiße bey offenem Fenster zu Mittag – besorge meine kleine Wirthschaft – lasse mir Abends im Schauspiel was daher tragieren – und singe, freut Euch des Lebens, weil noch das Lämpgen glüht u.s.w. Arbeiten thue ich vor der Hand nicht viel – und wer jetzt einen Brief von mir erhält – kan dick thun – die Witterung

46

ist zu schön – meine Aussicht zu vortreflich...
Lebe wohl! Grüße alles was dir lieb ist

von

deiner treuen Mutter

Goethe

Die Frau Rat Katharina Elisabeth Goethe
(1731 bis 1808) konnte ihr neues «Enckelein»
nicht in das «Anzeigenblättgen» setzen, da ihr
Sohn Johann Wolfgang nicht verheiratet war.
Wie wenig sie diese Tatsache in einer Zeit störte,
die darin sehr strenge moralische Maßstäbe an-
legte, ist erstaunlich. Die Frau Rat unterhielt
übrigens als 56jährige Witwe noch eine sehr leb-
hafte Beziehung zu einem 33jährigen Schauspie-
ler – worüber ihr Sohn sich sicher weniger alte-
rierte als die moderne Familie in der nächsten
Geschichte von der Oma, die auszog, einen
Freund zu suchen.

SOPHIE BRANDES

Oli hat einen Freund

Der erste Eindruck von zu Hause war eine
strahlende Oli mit roten Hamsterbacken und
glänzenden schwarzen Augen. Ein Milchbrei
stand auf dem Abendtisch, eine Riesenschüssel
Himbeermus dazu, und über die Terrasse hing
der Knöterich mit seinem süß riechenden Blü-
tenschleier – es gibt kein schöneres Urlaubs-
bild.

Unsere Oli sieht neu aus, das muß man einfach sehen. Schön braungebrannt ist sie, eine
neue Brille hat sie sich machen lassen, eine, die
nicht immer von der Nase herunterhängt und
auch nicht mit Leukoplast zusammengeklebt ist,
und kämmen tut sie sich andauernd. Sie lacht
und pfeift – irgend etwas ist mit unserer Oli
los!

Am Morgen gibt es frische Brötchen (wann
hat's die schon gegeben?), und die Oli trällert
in der Küche «Puppchen, du bist mein Augen-
stern» und pfeift, indem sie die Luft einzieht
und ausstößt, «Im Grunewald, im Grunewald
ist Holzauktion» und ihren ganzen Liedervor-
rat. Ein ziemlich ärmliches Gepfeife – aber
wann gab's das je zu hören? Da macht sich je-

der seine Gedanken. Um elf sagt die Oli, jetzt geht sie schwimmen. Da staunt man wieder, weil die Wali sie schon oft mit zum Schwimmen mitnehmen wollte und dabei immer auf einen harten Widerstand gestoßen ist. Mittags gibt es Porree mit Lyoner, und zwar schon um halb eins. Auf die Frage, warum so früh, ist zu erfahren, daß sich die Oli für den Nachmittag etwas vorgenommen hat. Genaueres sagt sie nicht. Nach dem Mittagessen hat sie sich einen anderen Fummel angezogen, sogar ihren feinsten aus rosa Kunstseide. Außerdem sieht man eine Perlenkette an ihrem Hals, und die Effenberger Zähne hat sie auch noch angelegt. (Das ist eine Brosche aus Elfenbein, die wie das Gebiß vom Hausmeister Effenberger aussieht.) Sie hat sich einfach irre fein gemacht, wie schon lange nicht mehr. Dann nimmt sie ihre komische schwarze Pompadourtasche und sagt: «Macht's gut, Kinder, bis um fünf bin ich sicher wieder im Lande.»

Am Abend ist die Oli aufgekratzt und erzählt dauernd Witze, sogar ein paar unanständige! Sie lacht selbst am meisten darüber. Dann spielt sie noch zwei Stunden Halma mit uns, wobei sie laufend gewinnt. Dabei kippt sie ein paar Stonsdorfer Schnäpse hinunter und verschwindet anschließend in ihre Eiskammer.

Am nächsten Vormittag geht die Oli in die Stadt und kommt mittags mit einer Kleidertüte vom «Textil Feigl» zurück. Und was packt sie aus? Ein neues Kleid. «Was glotzt du denn mein Kleid so an? Die Modespezialistin hat mir versichert, daß dieses Kleid der letzte Schrei ist», sagt die Oli etwas eingeschnappt. Übrigens erfahren wir gleich darauf, was mit unserer Oli los ist. Der Onkel Otzi weiß alles und erzählt es meiner Mutter im Gästeraum. «Unsere Frau Mutter hat einen Freund, Schwesterchen», sagt er und verschwindet mit einem Stoß Bücher unter dem Arm im Haus. Als wenn alles ganz einfach wäre. Im Haus sagt der Onkel, er weiß es schon länger, von der Frau Knittl, die jeden Tag ins Krankenhaus fährt, um ihren Mann zu besuchen. Und die muß immer durch den Kurpark fahren, und da sitzen sie immer auf der Bank, die Oli und ein alter Herr, ganz eng beieinander. Sehen tun sie einen nicht, wenn man an ihnen vorbeifährt. Und heute hat der Onkel Otzi mit eigenen Augen gesehen, daß sich die Oli an der Ecke Kurpark – Kollmannbergerstraße von einem alten Herrn mehr als herzlich verabschiedet hat. Jetzt haut's mich um, die Oli hat einen Freund!

In der Küche trällert die Großmutter herum wie eine verliebte Haubenlerche und das sogar beim Spülen. Das Essen macht sie auch schon wieder viel früher als sonst. Nach dem Essen zieht sie ihr neues Kleid an, den letzten Schrei mit den Stiefmütterchen, nimmt ihren Pompadour und zieht auf ihrem Fahrrad davon. Zurück bleiben ein paar dumm schauende Kinder und Enkelkinder.

Am Abend frage ich die Oli ganz einfach nach ihrem Freund. Erst tut sie ganz erstaunt und sagt: «Was, iiiich?», aber als ich ihr sage, daß man sie schon beobachtet hat, rückt sie doch damit heraus: Ihr Freund heißt Hermann Klar, ist neunundsiebzig Jahre alt, sie hat ihn im Kurpark kennengelernt. Auf einer Bank. Er ist schon dagesessen, und sie hat sich dazugesetzt und ihn einfach angeredet. Na und? Er ist verheiratet und lebt mit seiner Frau in einem feinen Altersheim, in der Nähe vom Kurpark. Der Herr Klar hat der Oli gleich sehr gut gefallen, weil er so feine Hände hat, weil er so lustig erzählen kann, weil er in Kirchseelte geboren ist wie die Tante Hadi und weil er sich für die Oli interessiert, für alles, was die Oli sagt und denkt und tut. Die Oli hat sich ganz warm geredet und fast ihre Zahnarztverabredung verpaßt.

Als die Fanny und ich vom Schwimmen heimgekommen sind, höre ich ein Mordsgerede aus dem Wohnzimmer. Sie reden alle durcheinander, die Mami, die Tante Lone, der Onkel Otzi und der Gerd, der Mann von der Mami. Wir merken bald, daß es sich um die Oli und ihren Freund handelt. Gerade sagt einer, still, die

Kinder brauchen das ja auch nicht alles mitzubekommen. Daß ich nicht lache! Wo ich es als allererste gemerkt habe. Also, es gibt da verschiedene Meinungen im Wohnzimmer. Der eine findet, daß es unmöglich ist, wenn eine Frau in dem Alter einen Freund hat. In dem Alter müßte man über «so was» hinaus sein. «Noch dazu, wo der Mann verheiratet ist», sagt ein anderer. Einer findet es überhaupt lächerlich, die ganze Geschichte ernstzunehmen, es wäre eben so eine Altersschrulle. Die Oli hat doch immer irgendwelche Schrullen gehabt. Einer geniert sich vor den Leuten, er findet es unanständig, daß sich die Oli so undamenhaft benimmt. Einer findet, daß die Oli viel glücklicher aussieht, seit sie einen Freund hat. Ein anderer meint, das hätte schon längst einmal sein müssen, daß ein alter Mensch einen gleichgesinnten alten Menschen als Partner findet.

Ich finde es prima, daß die Oli einen Freund hat. Bis jetzt ist nur Gutes dabei herausgekommen. Seit Oli einen Freund hat, gibt es am Morgen frische Semmeln, hat sie ihre Zähne neu machen lassen, sich ein neues Kleid gekauft, eine Brille angeschafft, die nicht von der Nase fällt und – die Oli läuft kreuzfidel durch die Gegend.

Ich denke, daß es schön ist, einen Freund zu haben, jedenfalls wenn man alt ist. Wenn man jung ist, gibt es dauernd Streit. Vielleicht kann man nur, wenn man alt ist, wirklich einen Freund haben. Weil man dann weiß, daß man froh sein muß, wenn man überhaupt jemand hat, egal, wie der aussieht, und weil man weiß, daß man vielleicht bald sterben muß. Auf jeden Fall ist es gut, daß die Oli einen hat, der sie toll findet, weil jeder so einen braucht, der einen toll findet.

Enkelmund

«Oma und Opa sind im Himmel», erklärt eine etwas unbeholfene Mutter ihrer kleinen Tochter.

«Toll, wie die das noch schaffen in ihrem Alter», lautet die ungewöhnliche Antwort.

ERNST HEIMERAN

Die Großmutter

Die Großmutter von heute ist eine jugendliche, unternehmungslustige Frau, die ihre Enkelkinder nicht im Kinderwagen, sondern im Kabriolett spazieren fährt. Im Sommer geht sie mit ihnen an die See, wo sie weit hinausschwimmt; im Winter zeigt sie ihnen den gestemmten und den geschwungenen Christiania am steilen Hang. Sie ist schlank, braun und in der modernen Literatur zu Hause. Ihr Lieblingswunsch ist eine Fahrt mit dem Zeppelin; und wir können uns darauf verlassen: das setzt sie noch durch!

Das Amt der Großmutter, wie es im Bilderbuch steht, wird daher von der Urgroßmutter ausgeübt. Sie erzählt die Märchen, sie knackt mit dem Gebiß und hat die ganze Nacht kein Auge zugetan.

In ihrer Stube hängt ein Mann mit Bart. Auf der Kommode steht eine Spieluhr. In vielen Schubladen gibt es viele Schachteln, die mit Stoffresten gefüllt sind. Am Fenster wuchern langhaarige, sonderbar duftende Pflanzen. Lüften kann man nicht. Es ist süß und schauerlich zugleich, bei ihr zu spielen, und es gibt viel bei ihr zu entdecken: ein chinesisches Bilderbuch, eine Stange Ingwer, einen schwarzen Zopf.

Sie sitzt im Lehnstuhl, der auf einem Tritt am Fenster steht, und liest im Kirchenblatt. Sie sitzt steif und unbequem, ohne sich anzulehnen, und die stählerne Brille verrutscht auf der knochigen Nase. Viele neue Brillen hat sie schon zum Geschenk erhalten, aber alle verlegt. Nur diese mit den ovalen Gläsern findet sich immer wieder.

Oft steht sie schon um Mitternacht auf und schläft am hellen Tag ein. «Ich habe alles gehört!» versichert sie, wenn sie erwacht. Sie wäscht sich lieber aus der Waschschüssel als am laufenden Wasser; im Bad veranstaltet sie heimlich kleine Wäsche, und wenn zum Essen gerufen wird, hat sie gerade einen heißen Stahl. Sie sei ja das fünfte Rad am Wagen, aber die Dienstmädchen von heutzutage seien eben nichts mehr wert. Da müsse man schon nachhelfen. Mit Kniefeder und brauner Tinte schreibt sie Rezepte ab, in alter Orthographie, die Mengen in Lot und Quentchen angebend. Niemand kann diese Rezepte benützen.

Nie weiß man genau, wie alt die Urgroßmutter eigentlich ist. Sie ist über das Alter hinaus, in dem man noch altert. Manchmal stellt jemand aus der Familie fest, jetzt wäre der achtzigste oder neunzigste Geburtstag fällig. Dann wird Urgroßmutter wieder einmal fotografiert und nachgesehen, wie sie früher aussah.

«Kinder, ihr seid noch mein Tod», sagt Urgroßmutter, wenn sie bestürmt wird zu erzählen. Sie weiß noch, wie die Eltern klein waren und hat ein halbes Dutzend Kriege erlebt. Sie verwechselt alle Namen; wenn sie Hans sagt, meint sie Karl; Susanne, das bist du, Margarete; aber wer wohl der Onkel Krämer sein soll? Das kann niemand herausbringen. Es macht auch nichts, denn es sind trotzdem schöne, wahre Geschichten und zeitlebens behält man Verse wie die:

Jakob und Isaak hab'n miteinander Streu
g'hackt
Hat sich der Isaak in sein recht's Bein g'hackt.

GRANDMA MOSES

Tage der Kindheit

Wir waren daheim fünf Knaben und fünf Mädchen. Der älteste war Lester, dann kam Horace, dann ich und dann Arthur. Wahrscheinlich verlor die Mutter einige Kinder, denn nach Arthur ist eine Lücke. Dann kamen Celestia, Miama, Ona und Joe, dann war eine Pause, dann Sarah und Fred. Wir wurden büschelweise «geliefert» wie die Radieschen. Ich war älter als die anderen Schwestern. Arthur und ich waren bis zu seinem Tode innige Kameraden. Arthur fing früher an zu gehen als ich, ich war zu schwer, dort, wo man die Sitzfläche hat. Wir waren ungefähr gleich groß und im Alter nicht sehr weit auseinander. Wir bildeten sozusagen ein selbständiges Paar. Wir hatten viel miteinander zu sprechen und verstanden uns gut. Ich erinnere mich, wie wir einmal in der frühen Jahreszeit im Gras beisammen saßen und darüber sprachen, wie hübsch alles ringsum sei, und da sagte er: «Fast so schön wie im Himmel.» – «Wenn ich in den Himmel komme, will ich viele gute Sachen zum Essen haben», sagte er, und ich sagte: «Die guten Sachen zum Essen, aus denen mache ich mir nichts, aber viele Blumen will ich haben, wenn ich in den Himmel komme.»

Oft und oft mußte ich die Wiege schaukeln; ich tat es gern, aber lieber wäre ich draußen bei den Brüdern gewesen. Wir vier waren immer beisammen. Immer mußte ich sie ausstechen. Kletterte Lester bis ins Dachgebälk des Hauses, so mußte ich bis zur Spitze hinauf. Ich bemühte mich, sie zu überbieten. Aber Lester konnte schwimmen, und das konnte ich nicht. Der Vater versuchte, es mir beizubringen, aber kaum nahm er die Hand weg – plumps, ging ich unter. Ich war schwer wie ein kleiner Plumpsack.

Allerfrüheste Dinge, an die ich mich erinnere, so weit zurück wie 1863.

Ich erinnere mich, wie ich mit Vater und Mutter die Straße hinuntergehe bis zu dem Bach, wo man die Pferde tränkte. Und ich will mit meinen Brüdern vorauslaufen, um kleine Vögel zu fangen. Kleine graue Vögel waren es mit kleinen Körpern und langen Beinen, und wenn sie liefen, wippten ihre Schwänze. Ich glaube, sie hießen auch «Wipper». Ich tat sie in meine kleine rosa Schürze, aber sobald ich sie hineintat, schlüpften sie am anderen Ende wieder hinaus, und nie konnte ich meine Schürze vollbekommen. Aber meine Brüder konnten überhaupt keine fangen, und die Mutter sagte, ich sei flinker auf den Beinen.

Zu dieser Zeit lebten Vater und Mutter in ei-

ner abgelegenen Gegend inmitten der grünen
Felder. Sonntags ging der Vater mit uns spazieren, und wenn es ein schöner Tag war, ging
die Mutter mit. Der Vater trug dann das Baby
(fast immer gab es ja eines). Sonst gab es keine
Unterhaltung, bis auf den Kirchgang, und daher
bildete das Spazierengehen eine Abwechslung.
Hatten wir Besuch, so ging dieser mit, und einmal gingen die Schwestern der Mutter mit uns.
Eine von ihnen hatte einen sehr hübschen, soge-
nannten «jockey» auf. Das war ein Strohhut
mit Blumen und mit Bändern, die über den Rük-
ken hinunterhingen. Junge Damen trugen sie
damals in leuchtenden Farben, und ich wollte so
schrecklich gern auch einen haben, daß ich zu
weinen anfing, da nahm sie ihren ab und setzte
ihn mir auf. Da wäre denn alles gut gewesen,
nur daß die Mutter sagte, wenn du weinst, bist
du keine große Dame. Dann lief ich mit den
Brüdern zum Mühlteich voraus. Den «jockey»
hatte ich ganz vergessen, und als ich mit der
Hand hingriff, war er weg, und irgend jemand
sagte, er muß in den Mühlteich geflogen sein.
Das war fürchterlich. Ich glaube, von dem Tag
an habe ich das Wasser nicht mehr gemocht.

Dann gingen wir auch zur Rennbahn hinunter, und ich wollte bis zur Mühle auf ihr gehen,
weil mein Bruder Lester das tat. Aber «nein»,
sagte der Vater, «du mußt mit Bruder Horace

am Weg bleiben». Wir gingen durch die Flachsmühle, und der Vater hängte Eisenstäbe auf,
deren er sich bediente, um den Flachs abzuwie-
gen. Er schnallte uns kleine Leute in einen Gurt
und zog uns empor, um uns zu wiegen. Ich wollte im Gurt bleiben und schaukeln, und die Mutter sagte: «Nein, wir gehen zum Wald hinunter
und finden vielleicht ‹Whipper-will-Schuhe›.»
Diese Blumen mochte ich gern, ich fand sie so
hübsch, aber an jenem Tage fanden wir keine.

An den Heimweg erinnere ich mich nicht,
denke, es muß mich jemand getragen haben.

Der Brand unserer Mühle

Eines Tages im Mai liefen Lester, Horace und
ich davon. Es war früh am Morgen, und wir
beeilten uns, außer Sichtweite zu kommen; wir
liefen auf Tante Ruhamas Haus zu. Der Vater
war auf der anderen Seite des Teiches, er sah
uns nicht. Als wir zur Tante kamen, hatte sie
gerade Waschtag. Das Waschfaß stand auf zwei
Stühlen, halbvoll mit Seifenschaum, und sie rieb
das Wäschestück auf der Rumpel, und die Seife
schäumte auf, weiß wie Schnee. Der Seifenschaum war so hübsch, ich kletterte auf den
Stuhl hinauf, um damit zu spielen. Die Vettern
spielten im Hauseingang miteinander. Plötzlich

warf Tante Ruhama die Hände empor und sagte: «Oh, Russells Mühle brennt!»

Sie wischte sich die Hände an der Schürze, nahm mich bei der Hand und sagte: «Kommt, Kinder!» Wir liefen hinaus, nachdem wir die Tür geschlossen hatten, und über den Hügel hinauf, und meine Beine wurden ganz müde, und immer sagte die Tante: «Nur noch ein kleines Stück.» Wir gelangten zur Scheune, dort trafen wir die Mutter. Sie hatte den Rauch bemerkt, und sie trug Lester auf, ins Haus zu laufen und alle Wassereimer zu holen, und ich und Horace sollten ins Haus gehen und mit Tante Libby dort bleiben, sonst würden wir alle verbrennen. Ich kann mich erinnern, daß ich weinte und daß ich sah, wie das ganze Tal von Rauch erfüllt war.

Tante Libby hat mich dann in den Schlaf gewiegt, und bis zum Abendessen wußte ich nichts mehr, da kam die Mutter herein, ihr Kleid war durchnäßt, sie hatte Wasser getragen.

Wie genau erinnere ich mich an diese alte Mühle mit der Kuppel obendrauf, die ich immer als Puppenhaus haben wollte, und an die Mühlenarbeiter mit ihren verschmierten Gesichtern ganz voller Flachsstaub. Vor denen fürchtete ich mich wirklich.

Einige Jahre später hatte der Vater eine neue Mühle gebaut.

Einmal gingen wir nach Cambridge, um fotografiert zu werden. Einige Mieter meines Vaters wollten sich aufnehmen lassen, und da gingen wir alle, Vater, Mutter und die drei Brüder mit, um fotografiert zu werden. Lester hatte einen Anzug mit einer Garibaldibluse und langen Hosen, ich war in ausgeschnittenen Goldkäferschuhen und Spitzenhöschen, die unter dem Kleid hervorschauten, einem gegürteten Garibaldikleid, bauschig und mit weiten Ärmeln wie ein Hemd. Horace wollte den Mund nicht zumachen (hatte wahrscheinlich Schnupfen), und Arthur heulte, er fürchtete sich. Damals taten sie einem den Kopf in die Schraube, damit man still hielt. Wir fuhren im alten roten Schlitten mit Bill und Fan, unseren beiden Pferden. Die Eltern wurden auch aufgenommen, obwohl sie es eigentlich nicht wollten, denn sie trugen ihre Werktagskleider. Es war ein glücklicher Tag.

Als wir dann alle heimkamen, war das Haus kalt, und die Mutter sagte, wir sollten die Mäntel anbehalten, bis der Vater ein Feuer aus Flachsspänen gemacht hätte. Die brennen sehr heiß; wir benützten sie damals büschelweise als Feuerung.

Mein erster Thanksgivingtag*

Der allererste Thanksgivingtag, an den ich mich erinnern kann, muß um das Jahr 1864 gewesen sein. Der Vater hatte vor, nach Union Village zu gehen, um sich Stiefel zu kaufen, und für mich sollte er ein rotes Kleid mitbringen. Wenn ich den ganzen Tag sehr brav gewesen sei, würde ich dann vielleicht das rote Kleid bekommen. Ich gab mir große Mühe, alles zu tun, was man von mir verlangte. Um die Zeit des Kerzenanzündens aber kam der Vater aus der Flachsmühle heim und sagte, er habe sich keine Stiefel kaufen können, denn es war Thanksgivingtag, und alle Läden waren geschlossen.

Ich weinte herzzerbrechend weil ich nun mein rotes Kleid nicht bekommen hatte. Mein Abendbrot konnte ich nicht herunterbringen. Die Mutter sagte, es sei wirklich sehr schade, weil ich doch den ganzen Tag so brav gewesen sei; sie hatten alle nicht daran gedacht, daß heute die Läden zu sein würden.

Der Vater strich mir über den Kopf und sagte, kränk dich nicht, in ein paar Tagen würde er

* Amerikanischer Staatsfeiertag, meist am letzten Donnerstag im November. Zuerst von den Pilgervätern als Danksagung an Gott für die glückliche Landung in der Neuen Welt begangen und später zugleich als Erntedankfest gefeiert.

nach Center Cambridge gehen und es dort versuchen, und das tat er auch. Aber das Kleid war nicht rot, es war so mehr ziegelfarben oder bräunlich. Ich war ganz schrecklich enttäuscht, aber ich sagte nichts. Was ich unter einem roten Kleid verstehe, habe ich daher nie bekommen.

In späteren Jahren habe ich gelernt, daß es am besten ist, wenn man sich über Enttäuschungen niemals beklagt. Sie müssen sein.

Meine erste Malerei

Als ich noch ganz klein war, kaufte der Vater mir und den Brüdern manchmal Bögen weißen Papiers, es war Zeitungsdruckpapier. Er sah es gern, wenn ich ein Bild machte, und das Papier kostete einen Penny pro Bogen und hielt länger vor als Näschereien. Mein ältester Bruder zeichnete am liebsten Dampfmaschinen, das war sein Steckenpferd, der zweite Bruder verlegte sich auf Tiere, und ich selber wollte richtige Bilder haben, je bunter, desto lieber. Erst zeichnete ich das Bild, dann malte ich es mit Trauben- oder Beerensaft an, mit allem, was rot und, wie ich fand, hübsch war. Einmal bekam ich rote und blaue Tischlerkreide, da war ich reich; Kinder hatten in diesen Tagen nicht so vielerlei; wir schätzten, was wir bekamen.

In diesem Winter war der Vater nicht wohl, er hatte Lungenentzündung gehabt. Eines Tages sagte er zur Mutter: «Margaret, was würdest du dazu sagen, wenn ich die Wände bemale?» Die Mutter meinte, ihr sei es gleich, nur rein sollten sie sein. Er fing also in einer Ecke des Zimmers an und malte eine Landschaft, die er im vergangenen Frühjahr oben am Lake George gesehen hatte. Sie war so hübsch, daß die Mutter ihm sagte, er solle noch mehr machen, er malte also verschiedene Landschaften ringsherum an den Wänden. Es war eine dauerhafte Tapete. Während er malte, versuchten wir, ihm über die Farben zu kommen und selber etwas zu malen, meist nur so kleine Bildchen. Unterhalb vom Fach, auf dem die Uhr stand, war ein freier Raum, und der Vater sagte zur Tante Maria, den könne sie haben und ein Bild darauf malen. Sie war so vierzig, fünfzig Jahre alt. Das Bild, das sie malte, mochte ich nicht, da wollte ich schon etwas Besseres machen, und ich fing auf Holzbrettern zu malen an. Im Sommer darauf holte ich mir Schieferstücke und Fensterscherben. Da hatte ich ein paar hübsche Bilder. Das war damals, als sie sich über mich lustig machten, weil ich einige «sehr hübsche Lammschaften» hatte; die Brüder behaupteten, daß ich sie so nannte. Leuchtende Sonnenuntergänge waren darauf, und der Vater sagte: «Gar nicht so

schlecht.» Aber die Mutter war praktischer ge-
sinnt, fand, ich könne meine Zeit auf andere
Weise anwenden.

Was die Frauen auf der Farm zu tun hatten

Auf einer Farm immer ein Faß voll Seife machen, das für das ganze Jahr reicht. Und die
wurde aus jeder Art von Fettabfall gemacht.
Wenn wir Fleisch brieten, das fett war, nahmen
wir ein Stück Papier oder Stoff, gossen das Fett
hindurch und taten es in die Seifenpfanne. In
der frühen Jahreszeit bereiteten wir die Lauge
vor. Die ist ein Faß mit Holzasche. Unten waren Löcher, und man füllte das Faß mit Wasser
für die Lauge an; wenn man genug davon gemacht hatte, goß man sie in einen großen Kessel und goß alles aufgesparte Fett dazu, setzte
den Kessel übers Feuer und brachte ihn zum
Kochen. Während er kocht, gibt man entweder
mehr Fett dazu oder mehr Wasser oder mehr
Lauge, bis es das ganze Fett, das man hineingibt,
aufzehrt. Dann fang an und probier die Seife.
Du nimmst, sagen wir, eine Tasse voll heraus
und versuchst sie mit Wasser. Wenn es ein schönes starkes, bernsteinfarbenes Gelee ergibt, dann
ist es recht. Danach läßt man es in ein Faß laufen, als Vorrat für das Jahr. Das war Sache der

Frauen. Sparsam waren wir, nichts wurde verschwendet, nichts verloren.

Weben und Spinnen war zur Zeit meiner Mutter. Die Mädchen konnten keine Erziehung bekommen, denn sie hatten diese ganze Arbeit zu leisten. Die Mädchen strickten die Strümpfe. Die Wolle kam geradewegs vom Rücken der Schafe zu ihnen, sie mußten sie spinnen und dann weben oder stricken, und die Männer trugen das, was man «Pfeffer-und-Salz»-Kleidung nannte. Um dieses Tuch zu machen, mußte man in der Herde immer ein schwarzes Schaf haben, die Wolle von diesem Schaf ergab den schwarzen Wollfaden, und den verwebten sie, um das «Pfeffer-und-Salz»-Tuch zu erhalten; es hielt Generationen hindurch. In alter Zeit nannte man die Anzüge, die daraus gemacht wurden, «Freiheitsanzüge», weil die jungen Männer sie erhielten, wenn sie großjährig wurden.

Als ich ein Kind war, fing man schon an, alles fertig zu kaufen, Baumwollstoff und «linsy woolsy», das war Leinen und Wolle zusammengewebt.

Damals bleichte und stärkte man die Sachen mehr als heute. Sie waren dauerhafter. Man wusch die Stärke heraus, und das Stück war wieder rein. Vor vielen Jahren stärkte man auch die Leintücher. Sie können sich das vorstellen: so grobes Leinen und dann noch gestärkt und gebügelt – man konnte auf einer Seite ins Bett schlüpfen und auf der anderen gleich wieder herausrutschen! Während des Krieges der sechziger Jahre hatte die Mutter ganz viele Flanelldecken, und die verwendete sie an Stelle von Leintüchern, immer in der Hoffnung, daß die Baumwolle billiger werden würde, sie kostete vierzig und fünfzig Cents per yard, und all ihr Leinen war schon aufgebraucht. Leinen war anfangs nicht weiß, eher grau, aber mit der Zeit wurde es ganz weiß gebleicht.

Schule war in diesen Tagen auf dem Land drei Monate im Sommer, drei Monate im Winter; kleine Mädchen gingen im Winter nicht viel in die Schule, wegen der Kälte und nicht genügend warmer Kleidung; daher waren meine Schultage beschränkt, aber ich hatte genug zu tun, half daheim und den Nachbarn.

Bei der Familie Whiteside

Dann fingen die schweren Jahre an.

Zwölfjährig verließ ich das Elternhaus, um meinen eigenen Lebensunterhalt als Dienstmagd zu verdienen. Das war für mich eine großartige Erziehung, im Kochen, Haushalten, Erlernen guter Sitten und Umgang mit der Außenwelt. Ich kam zu einer Familie namens Mr. und Mrs.

Thomas Whiteside; es waren gute Menschen, schon recht im Alter fortgeschritten. Die Whitesides hatten vor vielen Jahren in die Robertson-Familie hineingeheiratet, und sie waren der Ansicht, bessere Leute wie die Robertsons könne man gar nicht finden und wer mit ihnen verwandt sei, der sei sicher auch recht. Mrs. Whiteside hatte einen Schlaganfall gehabt, und es ging ihr nicht gut. Aber es wurde besser, sie konnte wieder aufstehen; sonst war niemand als ihr Mann im Haus, und sie dachte sich, so ein junges Mädchen könnte sie gerade brauchen, und sie würde mich nehmen, weil sie die Familie kannte. Ich ging gegen den Wunsch des Vaters hin; er wollte, ich solle die Schule besuchen, aber die Mutter meinte, ich würde ohnehin bald genug davon haben und rasch wieder zu Hause sein. Mrs. Whiteside faßte so eine Zuneigung zu mir, daß sie mich nicht mehr hergeben wollte, und ich blieb bis zu ihrem Lebensende bei ihr.

Die Whitesides behandelten mich wie ein eigenes Kind. Sie nannten mich auch «Kind». Für sie war er immer nur «Mann» und ich «Kind». Niemanden wollten sie in ihre Nähe lassen außer mich. «Kind» mußte alles machen. Sie war eine furchtbar nette Frau. Ich glaube, ich war schon so für sie, daß sie mich als ihr eigenes Kind ansah, und ich fühlte das gleiche. Sie waren dem Bekenntnis nach Presbyterianer. Mr. Whiteside

hielt darauf, am Sonntag mit aller Arbeit früh-
morgens fertig zu werden; nach acht Uhr war
das Frühstück vorbei, und die Hühner waren
gefüttert, und dann sollte alles für den Tag er-
ledigt sein. Zu meinen Pflichten gehörte es, das
Pferd, den «alten schwarzen Joe», zu lenken,
wenn sie in die Kirche fuhren, und einen Blu-
menstrauß auf die Kanzel zu stellen und immer
den Text für den heutigen Sonntag zu wissen.
Der Kirchgang am Sonntag: das war in alten
Zeiten eine Freude. Der Mann des Hauses pflegte früh aufzustehen, das Vieh zu füttern, die
Kühe zu melken, die Pferde zu striegeln und,
wenn es Winter war, die Ochsen vor den langen
Schlitten zu spannen, auf den er ein paar Bü-
schel Stroh legte; inzwischen bereitete die Frau
oder Mutter ein herzhaftes Frühstück und pack-
te einen guten Mittagsimbiß ein, half allen Alten und Jungen in ihre besten Kleider und baute
das Feuer im Kamin auf, damit man bei der
Rückkehr aus der Kirche ein warmes Zimmer
vorfand. Dann geht der Vater nebenher und
leitet das Ochsengespann, die Mutter hätschelt
die Kleinen, und Großvater und Großmutter
sitzen hinten im Schlitten und passen auf die
junge Generation auf.

Jetzt sind sie bei der Kirche angelangt, welch
ein Vergnügen, jetzt können sie die Neuigkei-
ten der Woche austauschen, sich nach den Kran-

ken und Gesunden erkundigen und den Tag mit Gebet, Danksagung und Gesang verbringen, ein Tag der Freude und des Ausruhens von der schweren Arbeit.

Wenn in der Nachbarschaft alles gut stand, zogen sie dann heim und sangen Lieder, wie «Arbeitet, denn es kommt die Nacht...», «Süß ist es, nach und nach...», und, was besonders beliebt war, «Die Berge des Lebens». Und jetzt geht die jüngere Generation lieber ins Kino.

Mein erster Jahrmarkt

Es gab eine Zeit, da freute ich mich von einem Herbst zum anderen auf den Jahrmarkt und auf die sommerlichen Picknicks. Das waren so ziemlich die einzigen Vergnügungen, die wir in diesen Tagen hatten, und wir arbeiteten das ganze Jahr hindurch und sparten uns Geld und Kleider zusammen. Der erste Jahrmarkt, auf dem ich war, war die staatliche Messe des Jahres 1876, auf dem Gelände zwischen Troy und Albany. Es hieß, es würde ein sehr schöner Jahrmarkt werden, und der Präsident und Mrs. Edwin Thorne luden mich dazu ein. Am 10. September verließen wir South Cambridge und fuhren bis Johnsonville auf dem Dampfwagen, da war ich zum erstenmal auf einer Eisenbahn, und bevor wir nach Johnsonville kamen, wurde mir sehr schlecht. Dort wurden Wagen gewechselt, und wir mußten warten. Ich erblickte den Vater auf dem Holzlagerplatz und dachte, vielleicht kann ich zu ihm hinübergehen und mit ihm nach Hause fahren und dort bleiben, bis die anderen zurückkommen. Aber dann dachte ich, nein! Wie würde das aussehen, wenn ich auf der Landstraße auf einer Fuhre Holz dahinfahre? Ich reiste also weiter, und es wurde mir nicht mehr übel. Ungefähr um ein Uhr kamen wir in West Troy an, und es gab ein gutes Mittagessen. Es waren eine Menge junger Leute aus Galway dort. Nach dem Essen gingen wir alle die Straße hinunter und setzten auf der Fähre zu dem Messegelände über. Das erste Gebäude, das wir besichtigten, war die Blumenausstellung, und oh, die war wohl großartig! Zu Hause hatten wir einen schönen Blumengarten, aber nicht so etwas, oh, dort drinnen war es lieblich und wunderbar. Wir blieben bis zum Sonnenuntergang. Am nächsten Morgen gingen wir alle nochmals auf die Messe, und diesmal besichtigten wir das Geflügelhaus, dort gab es alles mögliche Federvieh. Als wir das Gitter aufmachten, begrüßte uns eine Stimme: «Wie geht's, Polly will was essen.» Polly konnte sehr deutlich sprechen, es war der erste Papagei, den ich je gesehen hatte. Danach gingen wir in das

Gebäude, wo die Öfen ausgestellt waren, ein langes, schmales Haus, in das viel Licht hereinkam. An einer Wand entlang standen gußeiserne Kochherde jeder Art, hinter jedem Herd stand eine Köchin oder ein Küchenchef neben einem Tisch, und indem man am Herd vorbeiging, reichte einem irgend jemand eine Probe von dem Essen, das sie auf diesem Herde kochten, manchmal waren es schön mit Butter bestrichene heiße Semmeln, beim nächsten Herd gab es vielleicht Lebkuchen oder Kuchen und so weiter. Wir brauchten gar nicht zum Mittagessen nach Hause zu gehen und konnten auch nicht alles essen, was wir bekamen, und alles war vom Besten. Ja, das waren noch Zeiten – keine heißen Würstchen und belegte Brote, von denen man nie weiß, was drinnen ist! Aus dem Ofengebäude gingen wir in die Musikhalle, ein großes, achteckiges Haus voller Musikinstrumente, man konnte seine eigenen Gedanken nicht mehr hören, aber es war doch großartig. Von dort aus gingen einige, um das Vieh zu besichtigen, und die anderen zu den ausgestellten Pferden. Ich mochte das, wo die Damen im Damensitz sitzen und wie sie lange Röcke trugen und über die Hürden sprangen; die Pferderennen waren aufregend, aber ich verstand nichts davon. Alles in allem, es waren drei herrliche Tage!

Im Frühjahr des Lebens gibt es viel zu tun. Oh, die feuchten Schneetage im Vorfrühling, wenn wir so gern in den Wald liefen, um nach den ersten Blüten des Arbutus zu suchen, der manchmal unter dem Schnee aufblüht, oder um Palmkätzchen zu pflücken. Näher fühlte man sich da den Absichten Gottes und der Natur. Wo wir in mancher Hinsicht freier sind, wo Schönheit und Frieden wohnen, wohin wir uns bisweilen sehnen, still und ungestört bleiben möchten, vom Alltagslärm des Lebens befreit.

Die Zeit des Heumachens auf der Farm, und wenn sie dann das Korn ernten und Obst und Beeren jeder Art, und die kleinen Leute sammeln die Eier ein. Dann kommen die Gemeindepicknicks, die Kinder dürfen so viel Limonade und Kuchen haben, wie sie nur wollen, Wassermelonen und Aschantinüsse. Wie festlich und besonders ist das alles!

Dann die herbstliche Jahreszeit, da gibt es vieles, was getan sein will, Lebensmittel für den nahenden kalten Winter aufspeichern, die Erde für Roggen und andere Saat umpflügen, ehe sie gefriert und hart wird. Wassergräben ausheben. Geflügel ausmustern und verwahren.

Thanksgivingtag, in manchen Heimen wird Freude herrschen, in anderen wird Trauer sein. Aber wir, die wir Dank sagen können, wir sollen es auch tun, so viel gibt es zum Dankbarsein und Gott um seines Segens willen zu preisen und für die Fülle aller Dinge.

Und dann die Winterszeit! Wenn das Thermometer auf 30 oder 40 unter Null steht, wenn wir uns das Vergnügen des Schlittschuhlaufens nicht versagen können, bis wir angeschlagene Köpfe und blutige Nasen haben, und das Eis ist wie Glas. Oh, welche Freude, welches Vergnügen, wenn wir miteinander ausziehen, um den Christbaum einzuholen, was wir für Luftschlösser bauen, wenn wir die Hügel hinabgleiten; wer kann das wieder aufbauen, was wir im Licht dieses Christbaums erblicken.

Oh, die Tage der Kindheit.

VASCO PRATOLINI

Der Umzug

Großmutter und ich zogen im Herbst 1926 aus der Via de' Magazzini in die Via del Corno um. Wir beide waren allein geblieben, «allein auf dem ganzen Erdenrund», wie sie zu sagen pflegte. In der Via de' Magazzini im Zentrum der Stadt war mit den Jahren der Wert der Häuser gestiegen, und die Wohnungen waren eine nach der anderen verkauft worden. Die, in der wir wohnten, hatte ein Geschäftsmann mit seiner Frau gekauft. Sie kamen aus Turin, sie brauchten die Wohnung und wohnten in der Zwischenzeit im Hotel. Sie wollten den Steinboden auswechseln und zwischen Eingang und Küche eine Zwischenwand für ein Badezimmer ziehen. Sie boten eine Abfindung an, die die Großmutter ablehnte. Die Räumung wurde um drei Monate verschoben. Wir kamen uns wie belagert vor. Die alten Mieter des Hauses hatten uns verlassen und hatten den neuen Eigentümern der vier Wände das Feld geräumt, nur der Schneider Marsi, der achtzigjährige Anarchist, war rechtzeitig vor Herzeleid und mit Gott versöhnt darin verstorben. Der Ingenieur vom ersten Stock beaufsichtigte persönlich das Anlegen von Licht und Gas und die Erneuerungsarbeiten für die Wohngemeinschaft. Wir leisteten Widerstand, allein und verlassen, mit unserer Petroleumlampe und dem Holzkohlenöfchen, und waren auf der Treppe Drohungen ausgesetzt und vorwurfsvollen, ironischen Blicken. Mit unserem Verharren verhinderten wir, ich weiß nicht, warum, die neue Kanalisationsanlage. Und halsstarrig bestand die Großmutter mit all ihrer Einfalt darauf:

«Mein Mann hat das Haus schätzen lassen, dann haben sie es sich anders überlegt und wollten es nicht mehr verkaufen. Wenn sie sich jetzt besonnen haben, hier sind die zwölfhundert Lire der Schätzung.»

«Das war vor dreißig Jahren», sagte man ihr, «jetzt kostet es zwanzigtausend Lire, Sie sind als erste gefragt worden und haben sich das Angebot entgehen lassen.»

«Habe ich etwa keine zwanzigtausend Lire an Miete gezahlt in diesen dreißig Jahren?»

«Sie verlieren die Abfindung, wenn Sie sich der Räumung widersetzen. Mit der Abfindung können Sie sich mit Ihrem Enkel zusammen anderswo einrichten.»

«Wir sind richtig hier, wo wir sind», erwiderte sie. «Gute dreißig Jahre habe ich recht gelebt und Kinder aufgezogen und ... Außerdem, für meine Börse finden sich keine Wohnungen zu mieten. Ein, zwei Jahre könnte ich mit der Abfindung bezahlen, und was dann? Hier aber können sie mich nicht sehr viel erhöhen. Ich habe schon die Möbel aus dem Salon verkaufen müssen, um etwas beiseite zu legen für den Notfall.»

«Sehen Sie, sehen Sie?» erklärte man ihr. «Im Grunde genügte Ihnen ein Leerzimmer mit Küchenbenutzung, und ein bescheidenes Zimmer mit Küchenbenutzung ließe sich mit der Abfindung für mindestens fünf Jahre bestreiten.»

«Und in Gemeinschaft mit anderen, ohne jede Unabhängigkeit und wer weiß wo, wer weiß in welcher Straße und mit was für Leuten. Ich habe über dreißig Jahre hier gelebt, hier sind meine Kinder geboren und gestorben, hier ist mein Mann gestorben ...»

Und jedes Mal kehrte als ständiger Refrain ihr «Und seit dreißig Jahren höre ich vom Palazzo Vecchio die Stunden schlagen» als völlig kindliches und um so gewichtigeres Argument wieder.

So harrten wir aus mit unserer Petroleumlampe und unseren Holzkohlenstövchen und der Zugklingel, die nicht mehr diente. Man hatte eine Messingplatte mit Klingelknöpfen am Straßentor angebracht, die Türen zur Treppe waren gestrichen und hatten Messingschilder, sogar die Treppe war geweißt worden, und die Scheiben des Oberlichtes waren erneuert. Und unsere Eingangstür, am Fußende verkratzt, mit dem Pappschildchen, auf das ich in Druckbuchstaben Casati gemalt hatte, mit dem vom Alter vergilbten Guckfenstergitter war ein Mißklang, eine Kränkung. Eines Morgens bekritzelte ich mit Kohle die Treppenwand, und der Ingenieur ertappte mich dabei. Zwei Tage später drangen Maurer in unser Haus ein, sie beriefen sich auf eine richterliche Entscheidung, die dem neuen Besitzer das Wohnrecht zusprach, und begannen, im Salon ein Fenster zu brechen. Den Diwan, den Tisch und die zwei Stühle, die uns geblieben waren, mußten wir in das Schlafzimmer hinübertragen. Inzwischen waren die weiteren drei Monate verstrichen, es war eisiger November, durch die verriegelten Fensterläden echoten die Uhrenschläge vom Palazzo Vecchio langsam wie mit Grabesstimme, die Stille der Straße war beängstigend in diesen Nächten, und das Seufzen der Großmutter klang wie ein ersticktes Todesröcheln. Ich hielt mich wach, um zu lauschen, ich war ein Kind und bildete mir in meiner Angst ein, wenn ihr Klagen verstummte und sie eingeschlafen sei, würde sie vom Schlaf in den Tod sinken.

Dann kam der 24. November, und es kamen die Gemeindediener und gestanden uns weitere sechs Tage zu, und da die Großmutter sich wiederum weigerte, den Räumungsbefehl anzunehmen, zogen sie einen der Reißbrettstifte heraus und hefteten das Blatt über das Namensschild an die Tür. Die Maurer standen dabei und schauten zu.

«Gestatten Sie», sagte einer von ihnen, «ich glaube, Sie sind sich nicht über Ihre Lage im klaren.»

Es war ein Vierzigjähriger mit dem Tonfall des Volkes und einem kurz gestutzten Schnurrbart, der bis zu den Mundwinkeln reichte; er behielt bei der Arbeit den Hut auf.

«Sie werden sich mit Ihrem Bett auf der Straße wiederfinden, worauf warten Sie noch?»

Die Großmutter stand mit der Schulter gegen das Fenster gelehnt und ließ den Blick in die Runde schweifen, von der aufgebrochenen Wand bis zum aufgerissenen Fußboden, und sog an ihrer Unterlippe.

«Ich bin in dieses Haus gleich nach meiner Hochzeit eingezogen ... Und ich bin doch alt und allein und habe einen Jungen bei mir.»

«Aber die sind auf der Seite des Rechtes», sagte der Maurer. «Haben sie's gekauft oder nicht gekauft?»

«Mein Mann wollte auch kaufen ...»

«Ja», sagte der Maurer, «als eins und eins noch zwei war.» Und er bot sich an uns zu helfen, er wußte von einem Leerzimmer, «mit Küchenbenutzung», wo ein Verwandter von ihm wohnte, in der Via del Corno, bei braven Leuten.

«Für wenig Geld», sagte er. «Die sind nicht habgierig.»

«So abgelegen», sagte die Großmutter.

Der Maurer lächelte:

«Jetzt lebt sie hier seit dreißig Jahren und weiß nicht, wo die Via del Corno ist. Das sind doch nur zwei Schritte, man geht die Via de' Gondi hinunter, und schon sind wir da.»

«Aha», sagte die Großmutter, «ich hab' verstanden, lassen Sie's mich überlegen.»

Am Abend, urplötzlich, brach sie das Schweigen von Bett zu Bett und sagte zu mir:

«Die Via del Corno ist keine Straße, die für uns paßt . . .» Dann fügte sie hinzu: «Man darf die Maurer nicht mehr allein in der Wohnung lassen.»

Aber das war überflüssig. Da es ohnedies feststand, daß wir im Laufe der Woche würden räumen müssen, wurden die Arbeiten unterbrochen. Am nächsten Tage wollte ich mir die so nahe und auch mir unbekannte Via del Corno ansehen. Es war ein kurzes, vom Verkehr abgesondertes Gäßchen, dicht bevölkert, geräuschvoll und lärmend im Vergleich zur Via de' Magazzini. Es stank nach Pferden, und an den Fenstern hing Wäsche. An der Ecke war eine Latrine, und es kam mir vor, als könnte man sich nur deswegen dort aufhalten.

Schließlich fanden sich dann unsere Möbel, wie es der Maurer vorausgesagt hatte, auf dem Bürgersteig aufgereiht, und der jüngere der Gemeindediener, ein blonder, meinte, wir sollten ihm danken, weil er uns die Unkosten des Pakkers erspart hätte.

«Es sieht wie ein unbewohntes Gebäude aus», bemerkte er, als wir gemeinsam den Schrank nach unten trugen, und zu meiner Großmutter gewandt, sagte er:

«Wir sind es nicht, es ist das Gesetz.»

Die Großmutter gab ihm die Hand. Sie hatte auf eine neue Vertagung gehofft. «Wenn wir nicht unterschreiben, wird der Räumungsbefehl niemals rechtskräftig», sagte sie zu mir. Inzwischen hatte sie in der Via del Corno eine Anzahlung gemacht. Wir würden uns zwangsläufig mit unserer Straße abfinden müssen, nachdem sich uns in den sechs Tagen mit Suchen und nochmal Suchen keine besseren und in Frage kommenden Gelegenheiten geboten hatten.

Ich kam jetzt mit einem Karren zurück, den ich gemietet hatte, und die beiden Gemeindediener halfen uns, unsere Habe aufzuladen.

«Mehr können wir nicht tun», sagte der Blonde, «wir sind schon verspätet», und damit ließen sie uns allein mitten auf der Via de' Magazzini mit dem Karren, beladen mit unserem Hab und Gut (es ging alles auf einen Karren). Die Großmutter hielt unter dem Arm die «Vergrößerung» meiner Mutter, mit der Fotografie nach innen gekehrt. Sie schien heiter, zu heiter, als daß es hätte echt sein können, mit trockenen Augen und ruhigen Bewegungen, als sei mit dem entscheidenden Augenblick all ihr Kummer gestillt. Nicht einmal ihre Stimme verriet besondere Bewegung. Sie zog an den Stricken, die den Hausrat zusammenhielten, um sich zu vergewissern, ob sie auch hielten und daß nichts fehlte.

«Es ist alles da», sagte sie. «Die beiden kleinen Betten, die Wäschekiste, der Tisch, der Schrank. Wir schaffen es mit einer einzigen Reise. Ich hab' gut daran getan, die Ottomane zu verkaufen, sie wäre in das Zimmer, das wir haben, nicht hineingegangen. Die Stühle legen wir oben drauf, wenn wir losfahren, das Bild der Mutter habe ich, gut... Und was nun?»

«Jetzt müssen wir losfahren», sagte ich.

«Ja», fuhr sie fort, «die Stricke halten, in wenigen Minuten sind wir da, das Geld habe ich in der Tasche, die Kiste mit dem Geschirr, ja, die ist auch da... Aber wirst du es schaffen?»

«Die Last ist gut ausgewogen und ist leicht.»

«Das ist also unsere ganze Wohnung», sagte sie. «Und wir ziehen in eine Straße... Denk daran, guten Morgen, guten Abend und damit Schluß, es sind Leute, mit denen wir nichts gemeinsam haben, es ist ein Mißgeschick, das uns dahin geführt hat, für kurze Zeit nur, höchstens für einen Monat. Mit einem Monat Zeit vor uns werden wir etwas Besseres finden, wenigstens in einer Straße, wie unsere in all den Jahren war, mit ordentlichen Leuten.»

Es war zehn Uhr morgens. Die Via de' Magazzini lag schweigend und verlassen mit ihrem Himmelsdreieck zwischen den Häusern. Die Luft machte die Hände steif. Die wenigen Fuß-

gänger warfen uns einen Blick zu und gingen
vorüber. Ein Radfahrer ließ dicht hinter unserem Karren seine Klingel ertönen.

«Ich habe es nie begreifen können», sagte die
Großmutter, «warum immer nur so wenige Leute hier vorbeikommen, wo wir doch im Zentrum
liegen, an der Ecke der Via Condotta mit ihrem
ganzen Verkehr.»

«Weil die Straße mitten drin liegt, auf der
man seinen Weg nicht abkürzt, man muß extra
hineingehen, meinst du nicht? Ähnlich wie in der
Via del Corno. Dort ist nur Lärm, weil dort die
Stallungen sind und die Leute anders sind, wie
du sagtest.»

«Ja, sie können nicht so wohlerzogen sein
wie hier bei uns, sie leben auf der Straße, machen alle Art von Arbeit, und was für Arbeit...
Also, haben wir alles?»

«Ja, wir haben alles», sagte ich, «und wir
gehen ja auch nicht bis ans Ende der Welt.»

«Ja, ja», wiederholte sie. Sie schaute nach
oben, zu den Fenstern hinauf, redete, als kehre
sie nach langer Abwesenheit zurück. «Da bist
du geboren, siehst du? Wo das Fenster offensteht
neben der Regenrinne rechts, es war um elf Uhr
morgens, ungefähr um diese Zeit... Wir haben
sie alle offengelassen, unsere Fenster... Alle anderen sind geschlossen, natürlich», sie redete vor
sich hin, «es ist schon kalt. Ich hatte gar nicht

gemerkt, daß sie Vorhänge aufgehängt haben. Es wird viel dunkler im Zimmer in dieser Jahreszeit mit herabgelassenen Vorhängen. Deine Mutter wollte das nicht einsehen. ‹Hat etwa der Masi Vorhänge›, sagte ich zu ihr, ‹mit der Arbeit, die er macht, müßte er im Winter ja schon um zwei Uhr Licht brennen . . .› »

«Du mußt dich entschließen», sagte ich.

Ich hatte die beiden Deichseln gegriffen und den Karren vorwärtsgestoßen; er war leicht zu schieben, wie ich es erwartet hatte. Die Großmutter preßte das Bild gegen ihre Brust und ging neben mir. Sie drehte sich nicht mehr um, sie beschleunigte vielmehr ihren Schritt, ging auf halber Höhe neben dem Karren und sicherte mit aufgestützter Hand die Ladung. So schritten wir aus unserer Straße hinaus einer neuen entgegen, das kurze Stück über die Piazza Signoria längs den Häusern und dann die Via de' Gondi herunter.

Ein paar Minuten vorher hatte ich mir noch überlegt, daß die Via de' Gondi abschüssig war und daß ich nicht imstande sein würde, die ganze Ladung allein zu bremsen, und daß es vernünftiger sein würde, auch wenn es ein längerer Weg war, hinter der Badia herum über die Via del Proconsolo und die Piazza San Firenze zu fahren. Dann hatte mich die Großmutter mit ihrer Haltung durcheinandergebracht, ihre Worte hatten mich verwirrt. Und so geschah es, daß die Via de' Gondi plötzlich ganz unerwartet vor mir auftauchte, kaum daß ich um die Ecke kam.

Die Last gewann sogleich die Oberhand, die Deichseln schnitten mir in die Pulse, ich rutschte aus, konnte mich aber noch an den Deichseln festklammern und den Leib gegen die Verbindungskette pressen. Dann begann ein närrischer Flug, der dennoch irgendeinem physikalischen Gesetz entsprechen mußte. Die Ladung zog mich mit sich, und ich brachte es fertig, sie im Lot, im Lauf, im Gleichgewicht zu halten und sie leicht geneigt in die Via de' Leoni hineinzulotsen – es gibt kein anderes Wort dafür –, die, o Wunder! frei war von Fußgängern, Autos und Straßenbahnen, um dann, auf ebener Straße angekommen, noch die Ecke in die Via del Corno zu nehmen. Da klemmte sich das linke Rad zwischen den Sockel und das Eisenblech des bewußten Örtchens ein und riß sich los, die Ladung kippte um, die Stricke gaben nach, und unsere ganze Armseligkeit ergoß sich aufs Pflaster. Die Leute aus der Via del Corno eilten herbei, hoben mich auf und stützten mich, der Hufschmied war schon mit einem Eimer Wasser zur Hand, eine Frau schuf sich Platz und schwenkte ein Handtuch, ehe noch die Großmutter erschien und neben mir in sich zusammensank. Jemand kam auf den Gedanken, die beiden Stühle aufzuheben, die uns beiden jetzt zugute kamen. Der Vorfall löste bereits Heiterkeit aus. Ich war unversehrt, aber noch benommen und nahm erst allmählich den ganzen Aufruhr wahr.

«Der Junge hat nur Schürfungen, und der Alten geht es besser als vorher», rief eine Stimme nach oben.

«Es sind die neuen Mieter von Carresi.»

«Nichts Schlimmes, sie sind nur entgleist.»

Unsere ganze Ladung war schon wieder aufgepackt, mit allem Krimskrams, der aus den Schrankschubladen gefallen war, die Großmutter erklärte bereits, die Dame auf der Fotografie sei ihre Tochter, die Mutter des Jungen, sie ließ sich bereits einen Tropfen Vinsanto* munden, um sich von dem Schrecken zu erholen. Und eine Frau sagte zu ihr:

«In Ihrer Stube werden Sie meinen, Sie hätten die Uhr vom Palazzo Vecchio auf dem Nachtkasten.»

---

* Der Abendmahlswein aus Trockenbeeren.

CHRISTINE NÖSTLINGER

Moderne Familienverhältnisse

«Sei froh, daß wir so eine große Familie sind, das hat doch auch seine Vorteile», sagte die Mama manchmal zu mir. Uns als «eine große Familie» zu bezeichnen, ist ein schlechter Witz. Aber Vorteile hat es manchmal wirklich. Beim Geburtstag zum Beispiel: Da bekomme ich von drei Großmüttern, drei Großvätern, einer Mutter, einem Vater, einem Stiefvater, einer Frau vom Vater, einer Frau vom Stiefvater und von sechs Geschwistern Geschenke.

Das hört sich sehr kompliziert an, aber es ist ziemlich einfach. Meine Mutter hat meinen Vater geheiratet und mit ihm zwei Kinder bekommen. Die Ilse und mich. Dann haben sie sich scheiden lassen, und der Papa hat eine andere geheiratet, und mit der hat er auch zwei Kinder bekommen. Die Mama hat dann den Kurt geheiratet und wieder zwei Kinder bekommen. Und der Kurt war vorher schon einmal verheiratet. Und da hat er auch ein Kind.

So etwas ist gar nicht so selten. In unserer Klasse gibt es mehrere, deren Eltern sich haben scheiden lassen und dann wieder geheiratet haben und wieder Kinder bekamen. Außer, sie können sich keine neuen Kinder leisten; wegen der Alimente für die anderen.

Die Mama und der Papa haben sich scheiden lassen, als die Ilse sieben Jahre alt war, und ich war damals fünf Jahre alt.

Zuerst, nach der Scheidung, wohnten die Ilse und ich bei der Oma: bei der Mutter vom Papa. Der Papa hatte die alte Wohnung behalten. Die Mama zog zu ihren Eltern, und am Samstag und am Sonntag wohnten wir auch bei ihren Eltern. Die Mama war damals Sekretärin bei einer Zeitung.

In der Zeitungsredaktion lernte sie den Kurt kennen. Der war dort Redakteur. Zwei Jahre später hat sie ihn geheiratet, und wir sind von der Oma weg zum Kurt gezogen. Dann hat die Mama den Oliver und die Tatjana bekommen. Die Tatjana ein Jahr nach dem Oliver. Die Tatjana und der Oliver sagen zum Kurt «Papa». Die Ilse und ich sagen «Kurt» zu ihm. Aber zur Mutter und zum Vater vom Kurt sagen wir alle vier «Großvater und Großmutter».

Die Großmutter mag ich überhaupt nicht, weil sie mich nicht mag. Der Großvater ist sehr nett. Früher war auch der Opa – der Vater vom Papa – sehr nett. Doch jetzt ist er schon total verkalkt und redet sehr komisch. Manchmal fängt die Oma sogar zu weinen an, weil er so komisch redet. Er murmelt immer vor sich hin, und beim letzten Besuch hat er mich gefragt, wie ich heiße und wer ich bin.

«Das ist doch die Erika, die Erika!» hat die Oma gebrüllt.

Der Opa hört nämlich auch sehr schlecht.

«Aha, jaja, ja, die Erika», hat der Opa darauf gesagt. Doch zwei Minuten später hat er wieder gefragt: «Wer ist denn das Mädchen? Wie heißt denn das Mädchen?»

Ich gehe jeden Donnerstag nach der Schule zur Oma und zum Opa. Früher ging die Ilse mit mir. Bis vor einem Jahr. Bis der Opa so verkalkt und komisch wurde. Seither drückt sich die Ilse um die Oma-Opa-Besuche. Außerdem stinkt es so bei der Oma, hat sie behauptet. Nach Sauerkraut und Bratkartoffeln. Das stimmt. Aber ich habe nichts gegen diesen Geruch.

«Die Eltern von meinem Ex-Gemahl leben entsetzlich! Entsetz-lich! Man glaubt gar nicht, daß heutzutage so etwas noch möglich ist», hat die Mama neulich abend zu einem Besuch gesagt. Und dann schilderte sie, wie es in der Küche und im Zimmer von der Oma und vom Opa aussieht. Daß sie nicht einmal fließendes Wasser haben, sondern sich in einer Plastikschüssel waschen. Daß die riesigen Ehebetten und die vier Schränke, die voll mit altem Zeug sind, das ganze Zimmer ausfüllen und daß unter den Betten hundert alte Schachteln und Koffer und Kisten stehen.

«Stellen Sie sich vor», sagte sie, «und in dem winzigen, vollgestopften Zimmer steht noch ein kleiner Tisch. Der einzige, den sie haben. Und auf dem ist ein riesiger Strauß mit schweinsrosa Plastikrosen, ganz schweinsrosa Rosen!»

Die Ilse saß neben der Mama, als die Mama das erzählte. Die Ilse bekam ganz schmale Augen. Sie kann, wenn sie böse wird, wie eine Katze schauen. Doch die Mama merkte nicht, daß die Ilse den Katzenblick hatte. Sie drehte sich zur Ilse um und fragte: «Oder haben sie jetzt keine Plastikrosen mehr?»

«Geh hin und schau dir's an, wenn's dich so interessiert!» fauchte die Ilse, stand auf und lief aus dem Zimmer.

Die Mama sah ihr erstaunt nach, und der Besuch sagte, Mädchen in einem gewissen Alter sind eben immer sehr schwierig.

Dann wollte die Mama mich fragen. Und ich hätte ihr auch gesagt, daß die Oma die Plastikrosen gegen drei Stück Plastikrittersporn vertauscht hat, aber bevor ich antworten konnte, rief der Kurt: «Verdammt noch einmal, Lotte, so hör doch auf, solche Sachen zu fragen!»

Da redete die Mama schnell von etwas anderem.

Ich ging in unser Zimmer. Die Ilse saß am

Schreibtisch und lackierte sich die Fingernägel leichengrün. Dabei zitterte sie vor Wut und strich sich die Haut mit an.

Sie sagte, die Mama stinkt sie an! Sie kann sich dann nicht beherrschen. Sie kriegt vor lauter Wut gar keine Luft mehr, wenn die Mama so redet. «Und Mamas italienischer Schlafzimmerspiegel», zischte sie, «der ist genauso eine Scheußlichkeit wie die Plastikrosen von der Oma. Nur daß er viel teurer war. Und die Mama tut, als ob sie etwas Besseres wäre, bloß weil sie einen Mann geheiratet hat, der sechs Zimmer hat!»

Ich wollte die Ilse beruhigen. Ich sagte: «Du hast ja recht, aber das ist doch kein Grund, daß du dich so aufregst.»

«Du hast ein Gemüt wie ein Fleischerhund», brüllte mich die Ilse an. Und dann brüllte sie noch eine Menge sehr ungerechter Sachen gegen mich, doch sie meinte es sicher nicht böse.

Ich ging zu Fuß zur Oma, weil ich kein Geld für die Straßenbahn hatte. Wenn man sich beeilt, braucht man nur eine Viertelstunde. Immer, wenn ich auf dem Weg zur Oma bin, frage ich mich, warum ich nicht öfter zu ihr gehe. Aber wenn ich zu Hause bin, dann kommt mir die Oma so weit weg vor. So, als wohnte sie in einer anderen Stadt. Und irgendwie ist das auch eine andere Stadt dort, wo die Oma wohnt. Die Häuser sind viel älter und dreckiger. Die Klos sind im Treppenhaus vor den Wohnungstüren. Es gibt auch viel weniger Geschäfte da, wo die Oma wohnt. Aber an jeder Ecke ist ein Wirtshaus, und sogar tagsüber sind in den Wirtshäusern Betrunkene.

Die Oma war nicht zu Hause. Ich habe den Opa hinter der Tür herumschlurfen und murmeln gehört. Er redet oft mit sich selber. Ich habe laut an die Tür geklopft. Die Oma hat keine Klingel. Der Opa ist sehr schwerhörig. Außerdem hat jemand im ersten Stock oben gehämmert. Mein Klopfen ist im Hämmern untergegangen.

Ich setzte mich auf das Fensterbrett vom Gangfenster und schaute in den Hof. Dort habe ich früher gespielt. An der Klopfstange habe ich mich hochgezogen und habe mir vorgestellt, ich bin ein Artist im Zirkus. Und hinten, bei der Kohlenkiste vom Herrn Guntersdorfer, haben Edi und ich Doktor gespielt. Dort, wo niemand hinsehen konnte. Aber die alte Berger vom ersten Stock hat uns doch gesehen. Vom Klofenster aus. Und sie hat Krach geschlagen, weil wir beide nackt waren. Der Edi hat von seiner Mutter ein paar Ohrfeigen bekommen. Die Oma hat nicht geschimpft. Sie hat gesagt, das tun alle Kinder. Sie hat es auch getan.

Mir wurde kalt. Es zog durch das Gangfenster. Eine Scheibe war kaputt.

Ich beschloß, die Oma zu suchen. Die Oma geht nie weit weg. Und auf den Markt geht sie immer am Vormittag. Ich ging zur Milchfrau. Dort war sie nicht. Die Milchfrau sagte, es ist schade, daß die Ilse und ich nicht mehr hier in der Gegend wohnen. Sie hat uns immer so gern gehabt. Ich ging die Gasse hinunter zum Fleischer und überlegte, wie das wäre, wenn die Ilse und ich noch immer bei der Oma wohnten. Ich konnte es mir nicht vorstellen.

Die Oma kam gerade aus dem Fleischerladen heraus. Sie freute sich, als sie mich sah. Wenn sich die Oma freut, merkt man das. Dann glänzt ihr großes, rundes Gesicht.

«Hat dir der Opa nicht aufgemacht?» fragte die Oma, und dann erzählte sie mir, während wir zur Wohnung gingen, daß der Opa jetzt noch schlechter hört. Aber seit drei Tagen hat er nicht mehr komisch geredet, sondern sehr vernünftig.

Ich fragte die Oma: «Weißt du, daß die Ilse weg ist?»

Die Oma nickte.

«War der Papa bei dir?»

Die Oma schüttelte den Kopf. «Der war das letzte Mal zu Ostern da», sagte sie. «Er kommt nicht mehr, seit ich seiner Frau gesagt habe, daß sie was Ordentliches für die Kinder kochen und nicht immer so ein Zeug aus der Dose nehmen soll.»

«Wer hat dir denn gesagt, daß die Ilse weg ist?» fragte ich und hatte ein furchtbar schlechtes Gewissen, weil ich nicht schon längst zu ihr gegangen war und es ihr gesagt hatte.

«Der neue Mann von eurer Mutter war bei mir», sagte die Oma.

«Der Kurt?»

Die Oma sagte: «Ja, der Kurt. Eigentlich ein netter Mensch. Und er hat mir versprochen, daß er gleich zu mir kommt, wenn die Ilse wieder da ist.» Die Oma murmelte etwas, was ich nicht verstand, nicht genau verstand, irgendwas von Jammer und Sorgen und Kummer.

Ich ging neben der Oma durch den Hausflur. Ich war froh, bei der Oma zu sein. Bei der Oma war alles einfacher. Ich war jetzt auch fast sicher, daß die Ilse bald zurückkommen würde.

«Wie es ihr nur gehen mag? Was sie nur macht?» murmelte die Oma. «Geld hat sie ja, genug Geld, aber sie ist doch noch so ein Tschaperl, so ein kleines, dummes. Hoffentlich geht's ihr gut», sagte die Oma. Sie schloß die Wohnungstür auf.

Die Oma war die einzige, die gefragt hatte, wie es der Ilse wohl ging. Die einzige, die sich gewünscht hatte, daß es der Ilse gutging.

WERNER FELITZ

Der Gratulant

Eine Rategeschichte

Als Erasmus und Lenchen an einem Maienmorgen ihre Großmutter besuchten, um ihr zum siebzigsten Geburtstag zu gratulieren, wollten sie, wie Enkel so sind, gern die ersten sein; doch sie waren es nicht, und das ärgerte sie einen Augenblick, als hätten sie ein Wettrennen verloren. Dann aber fiel ihnen auf, daß der Gratulant, der ihnen zuvorgekommen war, die Großmutter sichtlich in Verwirrung versetzt hatte, und offenbar nicht nur durch sein Erscheinen zu unschicklich früher Stunde. Erasmus, dem angehenden Gerichtsassessor, kam das verdächtig vor, während Lenchen, der Backfisch, die alberne Bemerkung nicht unterdrücken konnte, die Großmutter sei blaß wie Limonade.

«Wenn ich noch so ein anfälliges Herz hätte wie in meinen Jugendtagen», sagte die Großmutter und betrachtete versonnen den Strauß Margeriten, ihre Lieblingsblumen, die Erasmus ihr überreicht hatte, «dann wären mir vorhin sicherlich die Sinne geschwunden, als er plötzlich vor mir stand und seinen Namen flüsterte; denn laut wagte er ihn natürlich nicht zu sagen. Ich hätte ihn bestimmt nicht wiedererkannt, nach mehr als fünfzig Jahren, müßt ihr bedenken, und ich hatte auch nicht erwartet, ihn jemals wiederzusehen, ja, ich glaubte ihn längst tot – und das sagte ich ihm in meinem ersten Schreck auch. Worauf er, noch immer flüsternd, sagte: ‹Hab keine Furcht, ich bin kein Geist. Diesmal geht es mit rechten Dingen zu, drum weise mir nicht die Tür, mein holdes Kind!› »

«Mein holdes Kind!» kicherte Lenchen. «Und das zu dir an deinem siebzigsten! Hast du da nicht lachen müssen, Großmutter?»

«O nein – aber lächeln! Denn nun wußte ich, daß er es wirklich war. So sprach nur er! Es klang genau wie damals, und wie damals wies ich ihm nicht die Tür, obwohl ich nach alledem hätte gescheiter sein sollen, und der alte Mann in seinem abgetragenen Paletot und mit dem verbeulten Barett auf der strubbeligen weißen Mähne hatte weiß Gott nichts an sich, was mich hätte schwachwerden lassen können – und doch ... Ich muß mich setzen, Kinder. Ihr seht mich verwirrt wie ein Schulmädchen», gestand die Großmutter verlegen.

«Soll das heißen, daß der mickrige Typ, dem wir draußen auf der Treppe begegnet sind, ein früherer Verehrer von dir war?» fragte Lenchen amüsiert.

«Hör auf zu lachen, Helena!» fauchte Erasmus die Schwester an. «Wenn Oma einst in näherer Beziehung zu ihm stand, dann hat er gewiß auch einmal bessere Tage gesehen.»

«So ist's, mein Sohn.» Die Großmutter sah ihren Enkel dankbar an. «Als ich ihn kennenlernte, da berechtigte er zu den größten Hoffnungen – als weltgewandter Akademiker wie als künftiger Ehemann. Und wenn es mit rechten Dingen zugegangen wäre, dann wäre er heute euer Großvater.»

«Nun, alles, was recht ist, aber wie eine gute Partie kam mir unser verhinderter Opa nicht vor», meinte Erasmus und nahm die Großmutter am Arm, um sie zu ihrem Sessel zu führen. «Andererseits sieht es so aus, als habe er dir heute noch einmal den Kopf verdreht.»

«Hat er dir wenigstens ein Geschenk mitgebracht, der verrostete Herzensbrecher?» wollte Lenchen wissen.

«Nein, das hat er nicht, und ich fand das sehr taktvoll. Alle Angebinde – so nannte man das damals –, die er mir während unserer Bekanntschaft machte, haben mir nämlich nur Unglück gebracht, und das hatte er ebensowenig vergessen wie ich.»

«Unglück? Du hast uns nie erzählt, daß du je im Leben Unglück gehabt hast. Das hört sich ja mächtig spannend an ...»

Ausnahmsweise war Erasmus mit der Schwester einer Meinung. «In der Tat, Großmutter, du gibst uns mit deinen geheimnisvollen Andeutungen eine ganze Menge Rätsel auf. Willst du uns die Geschichte nicht von Anfang an erzählen – oder verbietet es dir die Diskretion, darüber zu sprechen?»

«Diskretion? Ach, du lieber Gott!» Die Großmutter lachte bitter auf. «Vor fünfzig Jahren hätte ich was um Diskretion gegeben. Da zerrissen sie sich die Mäuler über mich und machten eine Riesenaffäre aus der Sache. Freilich, mit unserem Liebesverhältnis hatte es eine besondere Bewandtnis. Wenn man es jedoch nüchtern betrachtet, war mein Jungmädchenschicksal geradezu abscheulich alltäglich und das Verhalten meines treulosen Liebhabers nicht minder. Drum begreife ich heute noch nicht, warum man uns beide zu einem klassischen Liebespaar stempelte und uns bis heute in einem Atemzug mit Romeo und Julia nennt . . .»

«Ihr seid weltberühmt – und wir haben bis jetzt nichts davon gewußt, Großmutter?» beschwerte sich Lenchen. «Wie konnte das nur passieren?»

«Das will ich euch erklären: Als dieser schreckliche Spuk vorbei war, hatte ich nur den einen Wunsch: das Gewesene zu vergessen und von vorn zu beginnen. Meine Kinder und meine

Enkel sollten unbeschwert aufwachsen. Eines Tages, sagte ich mir, würden sie vielleicht von selbst kommen und fragen, und dann würde ich ihnen Rede und Antwort stehen.»

«Ich meine, der Tag ist da, Großmutter», sagte Erasmus mit bewegter Stimme, während Lenchen sich in ihrer lässigen Art vor dem Ohrensessel ausstreckte, die Arme hinter dem Kopf verschränkte und bettelte: «Nun schieß schon los, Oma!»

«Nun gut, ich will euch erzählen, was sich damals zugetragen hat... Wie ihr wißt, hatte mein Vater allzu früh das Zeitliche gesegnet, der Mutter jedoch Haus und Garten hinterlassen sowie ein kleines Vermögen, das unser Auskommen sicherte. Wie es sich für eine anständige Bürgerstochter gehörte, erlernte ich keinen Beruf. Dafür hatte ich das Schwesterchen zu versorgen und die kränkelnde Mutter. Mein ganzer Stolz war mein schönes blondes Haar, meine einzige Lektüre das Gebetbuch, und was es sonst noch Wissenswertes für ein heranwachsendes Mädchen gab, das erfuhr ich insgeheim von der Nachbarin, einer Soldatenfrau, die ‹auf die Wäsche schauen› ging, wie man das nannte, wenn man bei besseren Herrschaften das Linnen und die Garderobe in Ordnung zu halten hatte. Sie wußte vieles, die Nachbarin, und verstand alles. Deshalb ging ich oft zu ihr. Sie verriet mir manches von dem, was ein junges Wesen so wissen möchte, und ich teilte meine kleinen Geheimnisse mit ihr.

So erzählte ich der Muhme, wie ich sie nannte, auch als erste und einzige von jenem kleinen Abenteuer, das mir eines Sonntags auf dem Heimweg von der Kirche begegnet war. Ein fremder Herr hatte, als ich so, in Gedanken noch bei Gottes Wort, die Straße daherkam, sich herabgelassen, mich anzusprechen und mir recht freundlich offeriert, mich nach Hause zu geleiten. Obwohl er gewiß ein Kavalier von Stand und Bildung war und obendrein in den besten Jahren, wie ich bei einem kurzen Augenaufschlag bemerken konnte, hatte ich, wie es sich schickte, seine Begleitung abgelehnt, und zwar recht kurz angebunden sogar. Womit er sich, als der Edelmann, der er wohl war, denn auch beschied. Ich aber hatte hernach so ein seltsames Gefühl in mir, als hätte ich nicht recht gehandelt – oder jedenfalls nicht gescheit, und gern hätte ich gewußt, wer der Herr gewesen sein mochte.

Es vergingen einige Tage und Nächte, während denen ich unablässig an ihn dachte, bis ich eines Morgens beim Aufräumen im Kleiderschrank ein Schmuckkästchen entdeckte und mich verwundert fragte, wie es da hineingekommen sein mochte. Ihr hättet sehen sollen, mit welchem Entzücken ich all die herrlichen Juwelen darin betrachtete – und mit welcher Enttäuschung ich die ganze Pracht wenig später in der weiten Rocktasche des Pfaffen verschwinden sah, den die Mutter sogleich herbeigerufen hatte, um das «ungerechte Gut» aus dem Haus zu schaffen.

Nun, es war das letztemal, daß ich der Mutter Einblick in die Privatangelegenheiten meines Jungmädchenherzens gegeben hatte. Als ich kurz darauf abermals eine Schmuckschatulle in meinem Schrank fand, brachte ich sie heimlich zur Nachbarin, und die wußte mit dem glitzernden Inhalt Besseres anzufangen als meine Mutter. Sie ließ mich die Ketten, Armbänder und Ohrringe vor dem Spiegel anlegen, ohne nach dem Woher und Wohin der Kostbarkeiten zu fragen.

Als ich so mit Geschmeide behangen im Zimmer auf und ab stolzierte, erschien bei der Nachbarin unverhofft ein Besucher, der sich als ein Bekannter ihres Mannes ausgab. Sein Name klang kompliziert und exotisch. Ihr werdet es nicht glauben, Kinder, aber dieser Kerl mißfiel mir vom ersten Augenblick an. Er hatte etwas von einem abgefeimten Galgenstrick an sich, und einen wie den läßt man am besten gar nicht erst zur Tür herein. Die Nachbarin aber schien nichts Unrechtes an ihm zu finden, und was das Unglaublichste war, es empörte sie nicht einmal, auf welch plumpe Weise der Herzlose ihr vermeldete, daß ihr Gatte in Padua an einem unaussprechlichen Übel dahingesiecht sei, so gut verstand sich der unverschämte Hiobsbote aufs Witwentrösten. Kurz und gut, die Nachbarin ließ sich nach ein paar pflichtschuldigst vergossenen Tränen den Hof machen, ja, sie drängte sich dem widerlichen Kerl direkt auf. Sie war eben doch nicht der rechte Umgang für mich, das hätte ich jetzt erkennen müssen, aber ich empfand es gar noch als Ehre, daß ich junges Ding mit von der Partie sein durfte, als man sich am Abend darauf im Garten wiedertraf. Der Hallodri hatte zu dem Rendezvous seinen Freund mitgebracht, und was meint ihr, wer es war? Der feine Herr, der mich auf der Straße angesprochen und mir – wie sich bald herausstellte – auch den Schmuck hatte zukommen lassen. All das, die übermäßig kostbaren Angebinde, auf dubiose Weise in mein Zimmer praktiziert, und seine Kumpanei mit diesem Taugenichts hätte mich stutzig machen müssen, allein –»

«Allein, Liebe macht bekanntlich blind», unterbrach Lenchen die Großmutter. «Trotzdem, ich hätte mir doch erst einmal Gewißheit verschafft, ob –»

«Oh, das tat ich auch, mein Kind. Ich zupfte einem Maßliebchen, das ich im Gras fand, die Blütenblättchen aus und fragte dabei nach altem

Brauch: Er liebt mich? – liebt mich nicht? – liebt mich? – liebt mich nicht? – und das Resultat war: Er liebt mich!»

Erasmus schlug sich mit der Hand vor die Stirn. «Um Himmels willen, Großmutter! Das Ergebnis einer solchen Auszählung ist doch kein Beweis für seine Seriosität. Du hättest deinen Verehrer selbst in die Mangel nehmen müssen!»

«Nur Geduld, Junge. Als wir uns das nächste Mal trafen, stellte ich ihm ein paar sehr ernste Fragen nach seinem Glauben, und ich merkte wohl, daß er einer geraden Antwort auswich. Er drückte sich indessen so artig aus, so kluge Worte fand er, daß ich bei mir dachte: Der könnte wahrlich ganz andere haben als dich und nennt dich doch sein ‹holdes Kind› und seine ‹liebe Puppe›.»

«Seine Puppe? Da hätte dir ein Licht aufgehen müssen!» Lenchen war mit einem Satz aufgesprungen. «Das zeigt doch den geborenen Herrenmenschen, der Frauen für Spielzeug hält, das man nach Belieben ins Bett mitnehmen, in den Schrank sperren oder kaputtmachen kann.»

«Ich weiß, dir wäre das alles nicht passiert, Helena! Du hättest von Anfang an durchschaut, daß es hier nicht mit rechten Dingen zuging, mein Angebeteter ein Heiratsschwindler, die Muhme eine Schlampe und ihr Galan das Böse in Person war. Natürlich sagte ich meinem vornehmen Freund frei heraus, daß mir die Gegenwart seines windigen Gefährten die Brust zuschnüre, und er gab mir recht. ‹Du ahnungsvoller Engel, du!› meinte er. Und damit wir uns das nächste Mal allein miteinander treffen könnten, schlug er vor, mich am anderen Abend in meiner Kammer zu beehren. Fürsorglich hatte er schon ein Fläschchen mit einem Schlaftrunk bereit, den ich meiner armen Mutter verabreichen sollte ... Und ich tat es, Kinder! Ich schüttete ihr davon vor dem Nachtessen ein wenig in den Apfeltee ...»

«Die Verabreichung von Gift, gleich, welcher Art und Menge, zur Erzielung vorübergehender Bewußtseinsstörung oder -unterbrechung wird mit Gefängnis nicht unter drei Jahren bestraft», referierte Erasmus mit gefurchter Stirn.

«Quatsch!» protestierte Lenchen. «Vielleicht haben auf diese Weise alle drei eine wunderbare Nacht verbracht und sind am anderen Morgen vergnügt aufgewacht?»

«Du hast nicht ganz unrecht», pflichtete die Großmutter ihr bei. «Wenn es auch frevelhaft war, was ich getan hatte – tatsächlich war diese Nacht, diese vermaledeite unvergeßliche Nacht die letzte, in der sowohl meine Mutter als auch ich, vielleicht sogar mein Liebhaber, wirklich unbesorgt geschlafen haben. Denn von nun an nahm das Unglück seinen Lauf.

Ein indiskreter Frühaufsteher muß gesehen haben, wie mein Romeo beim ersten Morgengrauen aus meinem Fenster stieg und das Weinspalier herunterkletterte, denn meine lieben Geschlechtsgenossinnen brachten mich alsbald ins Gerede und zeigten am Brunnen und auf dem Markt mit dem Finger auf mich, worüber ich verständlicherweise manche Träne vergoß. Mein Bruder nahm sich das Getuschel noch mehr zu Herzen, er geriet darüber sogar völlig außer sich. Und daran war nicht nur ich schuld. Seit er, der brave Soldat, Gott hab ihn selig, in Italien gekämpft hatte, war er wie verwandelt. Er ließ sich vom besten Barbier der Stadt das Haar schwarz färben und zu dicken Locken drehen, trank nur noch Toskanerwein und zog wie ein Gondoliere trällernd durch die Straßen. Er bestand darauf, daß ich ihn Tino nannte und gerierte sich eifersüchtig wie ein Sizilianer. Kam ihm ein Kamerad nur damit, daß er eine hübsche Schwester habe, griff er schon zum Degen. Für meine Ehre, schwor er mir mindestens einmal jeden Tag, sei er bereit zu sterben ... Und diesen Schwur hat er dann ja auch gehalten.

«Wenn ich dich richtig verstanden habe, so hat sich der Onkel mit deinem Verhältnis duelliert und dabei den kürzeren gezogen. Das war Pech! Aber damit du Bescheid weißt», brüstete sich Erasmus, «was die Reputation unserer Fa-

milie betrifft, so empfinde ich auch ohne italieni-
sche Allüren wie mein tapferer Oheim – nur,
daß ich es vorziehen würde, die üble Nachrede
auf dem Rechtswege zu ahnden.»

«Sei doch still, du unausstehlicher Tugend-
bold, und laß Großmutter weiter erzählen. Sie
war gerade so schön in Fahrt, und ich ahne
schon was, ich ahne schon was . . .» rief Lenchen
aufgeregt.

«Da sieht man mal wieder den Generations-
unterschied», sagte die Großmutter nachdenk-
lich. «Ich ahnte damals zunächst überhaupt
nichts. Und als ich endlich etwas ahnte, tat ich
genau das, was verführte Mädchen in solchen
Fällen früher zu tun pflegten: Ich sank in Ohn-
macht. Peinlicherweise wurden mir die fatalen
Folgen meiner Ahnungslosigkeit ausgerechnet
während der Sonntagspredigt klar. Alle Frauen
hoben den Kopf und drehten sich nach mir um.
Zum Glück hatte meine Nachbarin ihr Riechfläschchen bei sich. Das brachte mich wieder zu
mir, so daß ich die Kirche auf eigenen Beinen
verlassen konnte. Mit Mühe schleppte ich mich
den Weg nach Hause, auf dem ein paar Monate zuvor mein vermeintliches Glück begonnen
hatte. Nur widerwillig ließ ich mich von der
Nachbarin stützen, denn ihr, so glaubte ich
plötzlich zu wissen, hatte ich ja meinen elenden
Zustand zu verdanken.

«Die Nachbarin! Die war mir von Anfang nicht geheuer. Die verdammte Kupplerin!» brauste Erasmus auf.

«Du urteilst zu hart», sagte die Großmutter. «Vor allem: du urteilst als Mann. Die Muhme war eine fleißige, ehrbare Frau, aber sie wollte nicht nur arbeiten, sie wollte auch leben und dachte sich wohl: ‹Wer wird es einer guten Köchin verbieten, daß sie nichts anbrennen läßt?›»

«Niemand, niemand – sie war eben eine moderne Frau und strebte nach Selbstverwirklichung», verteidigte Lenchen die Nachbarin begeistert.

«Im Grunde habt ihr beide recht, Kinder! Sie war eben ein Weib, so ganz nach Gottes Musterexemplar Eva geschaffen: liebeshungrig, liebenswert und raffiniert; mag sein, daß sie auch was von einer Kupplerin hatte – nur eines war sie nicht, und das bedauerte ich nun in vielen verzweifelten Nächten: Sie war keine Engelmacherin, und auch das Giftmischen war nicht ihre Sache. Mit anderen Worten: Sie konnte mir in meiner Not nicht helfen. Ich sehnte mich nach einem Schlaftrunk, tausendmal stärker als der, den ich meiner armen Mutter verabreicht hatte, aber derjenige, der ihn mir einst zugesteckt hatte, war über alle Berge. Nachdem er meinen Bruder im Duell erstochen hatte, mußte er das Weite suchen – und wie gern tat er das! Tja, der übereifrige Tino! Statt mir in meinem Elend beizustehen, hatte er es nur vergrößert. Sterbend verfluchte er mich noch. Die Mutter traf der Schlag, als sie von seinem Tod und meiner Schande erfuhr. Ich selbst war drauf und dran, den Verstand zu verlieren . . .»

«Das hört sich ja an wie eine Kriminalgeschichte!» rief Lenchen aus und fiel der Großmutter um den Hals.

«Damals nannte man es eine Schicksalstragödie», korrigierte die Großmutter. «Die grassierten zu jener Zeit wie eine Epidemie. Dazu gehörte, daß die Leidgeprüften vor Kummer in geistige Umnachtung fielen – und eine solche Rolle hatte das Schicksal auch mir zugedacht. Als die Gendarmen mich in unserem verwaisten Haus fanden, lag mein Kind tot neben mir. Sie behaupteten natürlich, ich hätte es umgebracht, das neugeborene, unerwünschte, vaterlose Wurm, und steckten mich ins Gefängnis. Aber es war eine Fehlgeburt gewesen, ich schwör's euch!»

«Du hast damals also kein Geständnis abgelegt, und man konnte dir nichts nachweisen», konstatierte Erasmus ohne viel Zartgefühl. «Wurde denn die Kindesleiche nicht obduziert, kein Psychiater hinzugezogen? Hatte dein Anwalt jederzeit Zutritt zu dir?»

«Ja, Oma, erzähl doch mal: Hat man dich

gefoltert – wenigstens seelisch?» fragte Lenchen begierig.

«Ich folterte mich selbst genug. Und nach einem Anwalt oder Arzt verlangte ich nicht. Ich lag auf dem schmutzigen Stroh in meiner Zelle und war wie von Sinnen. Im Fieberwahn, von Furien und Dämonen gejagt, erschien der Geliebte mir als böser Geist, angeblich, um mich aus dem Kerker zu befreien, doch ich glaubte ihm nicht – es graute mir nur unsagbar vor ihm.»

«Versteht sich», sagte Erasmus. «Was ich dagegen nicht kapiere: daß man dir keinen Pflichtverteidiger stellte. Eine skandalöse Unterlassung! Man hätte die Presse mobilisieren sollen!»

«Ach, die Presse, Erasmus! Für die war der Fall ein gefundenes Fressen. Freilich vertrat sie den Standpunkt, daß es ein Justizskandal sei, gleichzeitig aber tat sie alles, um den Skandal möglichst lange hinzuziehen. Alle Welt schrieb über mich, ohne mich zu fragen und ohne daß sich meine Situation dadurch gebessert hätte. Später dachte ich dann manchmal: Hättest du bloß ein Quentchen von dem Schreiberlohn, den andere mit deinem Schicksal verdient haben, du wärst bis an dein Ende eine reiche Frau ...»

«Und wir reiche Erben!» jubelte Lenchen.

Die Großmutter schüttelte bekümmert den Kopf. «Schäm dich, Helena! Ich beichte euch meine Schmach, und du denkst daran, was für dich dabei herausgesprungen wäre!»

Erasmus setzte wieder seine strenge Miene auf: «Pardon, Oma – aber da ist wirklich etwas dran. Das war seinerzeit bestimmt eine schlimme Zeit für dich, heute indessen muß man die Dinge in anderem Licht sehen. Du willst doch nicht umsonst gelitten haben – oder? Es wäre also zu prüfen, ob du nicht nachträglich Urheberrechte geltend machen kannst. Schließlich haben Dritte aus der Story deines Lebens Kapital geschlagen, ohne den Ertrag mit dir zu teilen. Und das ist nicht Rechtens, sondern sittenwidrig. Wir sollten zunächst eine Liste all derer anfertigen, die von deinem Leid profitiert haben. Ich hoffe, du erinnerst dich an all diese Seelenschmarotzer.»

Die Großmutter winkte energisch ab. «Ich muß doch sehr bitten. Erasmus! Es waren auch echte Dichter darunter, die wirklich herzzerreißend über mich geschrieben haben. Ein Theaterstück vor allem ist mir unvergeßlich – ich habe es wohl ein dutzendmal gelesen und auf der Bühne gesehen, und jedesmal bin ich in Tränen ausgebrochen, vor Rührung und vor Stolz. Es war ein erhebendes Erlebnis, mich selbst auf der Bühne zu sehen, von den anmutigsten Schauspielerinnen der Zeit dargestellt. So diente mein Elend zuguterletzt doch wenigstens der Allgemeinheit zur Erbauung. Sagt selbst, war das nicht Lohn genug für mich, Kinder?»

Die Enkel sahen die Großmutter sprachlos an und mit ganz anderen Augen als bisher. Als eine wunderbare Frau erschien sie ihnen auf einmal, als ein Mädchen zum Pferdestehlen, aus dem das Leben die weiseste und gütigste aller Großmütter der Welt gemacht hatte. Aber eines wollte ihnen doch nicht in den Kopf: «Und niemandem hast du gesagt, daß es *deine* Geschichte ist? Niemand hat dich wiedererkannt?»

«Niemand hat etwas erfahren, niemand hat was gemerkt. Derjenige, der mich aus dem Gefängnis holte, stellte mir nämlich eine Bedingung: Ich sollte mit ihm ein neues Leben anfangen, in einer neuen Umgebung, unter seinem Namen: Es war euer Großvater, der Stadtarchivar Wagner. Während man über mich zu Gericht saß, trat er wie ein rettender Engel vor das Tribunal, legitimierte sich als der frühere Sekretär – oder Famulus, wie er sich in seiner etwas altväterlichen Art ausdrückte – des in Rede stehenden Verführers der minderjährigen Angeklagten und schilderte glaubhaft die übermenschlichen Geistes- und Sinneskräfte des besagten Wüstlings, denen auch das tugendreichste Wesen nicht hätte widerstehen können. Nach alledem, was der Zeuge den Richtern von seinem einstigen Brotgeber zu berichten wußte, blieb ihnen wohl nichts anderes übrig, als mich freizusprechen.»

«Sehr vernünftig! Also hat doch wie stets das Recht gesiegt», stellte Erasmus mit Befriedigung fest. «Rein beruflich würde mich noch die Urteilsbegründung interessieren.»

Die Großmutter strich sich verlegen mit der Hand über das weiße Haar und wollte nicht so recht mit der Sprache heraus.

«Ist doch klar: Das war die sexuelle Hörigkeit . . .» antwortete Lenchen für sie.

«Ja, so prosaisch nennt man es heute wohl – und dergleichen mag es auch schon in meiner Jugendzeit gegeben haben. Ich weiß nur noch, daß ich dem Stadtarchivar Wagner, Gott hab ihn selig, die Hände küßte und an seinem Arm den Gerichtssaal verließ. Ich heiratete den gütigen Mann und hab es nie bereut, obschon er zweifellos nicht von so scharfem Verstande und unwiderstehlicher Anziehung war wie –»

«– wie der erste Gratulant heute morgen wolltest du gewiß sagen», meinte Lenchen, und die Großmutter nickte nur.

«Ich begreife dich nicht. Da fällt dieser infamen Kreatur, die dich ins Elend gebracht hat, nach einem halben Jahrhundert ein, bei dir zur Gratulationscour zu erscheinen, und du hast ihn nicht hinausgeworfen? Soll das heißen, der Schreck hatte dich gelähmt?» fragte Erasmus.

«Ganz so schlimm war es nicht. Zwar spürte ich mein Herz bis zum Halse schlagen, aber zum Riechfläschchen brauchte ich diesmal nicht zu greifen. Mir kam auch nicht in den Sinn, meinem Besucher eine Szene zu machen, mich etwa als Frau Justitia aufzuspielen und den Unhold endlich der Gerechtigkeit zu überantworten. Es war doch alles längst verjährt, und es graute mir jetzt nicht mehr vor ihm. Denn die Zeit, meine Lieben, das werdet ihr eines Tages erfahren, heilt nicht nur viele Wunden, sondern lehrt sie uns sogar schätzen. Also machte ich, wie es sich gehört, ein bißchen Konversation. Es sei nett, sagte ich, daß er sich nach all den Jahren wieder einmal sehen lasse. Ich dankte ihm für seinen Glückwunsch und schenkte ihm, wenn auch ein wenig zitternd, ein Glas Wermut ein. Wie es ihm ergangen sei, fragte ich den alten Mann nicht. Man sah ihm doch an, daß er eine traurige Geschichte zu erzählen gehabt hätte, und die wollte ich mir an meinem Geburtstag nicht anhören. Dagegen interessierte es mich, was aus seinem dubiosen Jugendfreund geworden sei. Und ich erfuhr, der sei noch immer gesund und munter, heute hier, morgen dort, einfach unverwüstlich.»

«Wer weiß, vielleicht kommt er dir auch noch gratulieren», unkte Lenchen.

Und da zuckte die Großmutter nun doch zusammen, als habe man ihr einen Stich versetzt. «Nur das nicht!» stammelte sie. «Nein, das möge Gott verhüten!»

Und er tat's.

Wer war der morgendliche Gratulant, der die Großmutter einst betörte – und damit eine tragische Liebesaffäre heraufbeschwor, von der die ganze Welt erfahren sollte? Wie nannte sich der Gefährte ihres Liebhabers, jener unheimliche Bursche, den die Großmutter durchaus nicht wiederzusehen wünschte? Und schließlich: Unter welchem Namen ist sie in ihrer Jugend für alle Zeiten berühmt geworden und – obwohl keineswegs ohne Fehl und Tadel – als Symbolgestalt des braven deutschen Bürgermädchens in die Geschichte eingegangen?*

* Des Rätsels Lösung und einige Erläuterungen zu den in dieser Rategeschichte etwas geheimnisvoll umschriebenen Vorgängen findet man auf Seite 156.

Das Carlche kommt wieder

Die beiden Grosselternpaare, die in der altstädti-
schen Eppichmauergasse, die in der neustädti-
schen Schulstraße, waren so völlig verschieden,
daß man fast von Polarität sprechen konnte –
und das hatte bestimmt nichts mit ihrer «Rasse»
zu tun. Nur mit ihren persönlichen Eigenschaf-
ten. Ich fühlte mich mehr in die Eppichmauergasse, zu den alten Zuckmayers, hingezogen,
und das hatte, vielleicht, mit der Religion zu
tun. Wenigstens was meine Vatersmutter an-
langt. Sie war, wie ich heut noch glaube, die
schönste alte Frau, die ich je gesehen habe. Sil-
berweiß das in der Mitte gescheitelte Haar, die
Augen tief blau, dunkler getönt, als blaue Augen zu sein pflegen; dadurch bekam ihr Blick
eine besondere, warme Leuchtkraft – sie sah immer aus, als ob sie sich über etwas freute. Die
Züge noch in Greisentum und Krankheit von
zartem Ebenmaß. Ihre lebensheitere und weit-
herzige Frömmigkeit, ihre Vertrautheit mit Kirche und Klerus, mit Dom und Kapelle, hatte
nichts Zelotisches oder Beschränktes, ihre Reli-
giosität war eine natürliche Ergänzung zur Rea-
listik des täglichen Lebens, eine naive, unpa-

thetische Bezogenheit zur Transzendenz, ebenso tolerant und menschenfreundlich wie gottes- und himmelsnah. An ihr war keine Spur von Grämlichkeit oder Vergilbtheit, wie man sie gern mit der Vorstellung von frommen Mütterlein verbindet. Sie hatte ihren Spaß, wenn wir Kinder uns an ihrem prächtigen Kaffeetisch mit Mainzer «Fastnachts-Kreppel» oder «Harteku- che» vollfraßen, aber sie gab uns dann immer, ohne große Sprüche, ein Päckchen mit für die Kinder um die Ecke, in der etwas proletarischen Pfaffengasse, wo arme Leute wohnten – eine praktische Anleitung zu sozialem Verhalten, oh- ne wissenschaftliche Begründung, aber auch oh- ne Sentimentalität. Je älter, je kränker sie wur- de – sie erlag, nach erfolgloser Operation, ei- nem qualvollen Krebsleiden –, desto mehr be- mühte sie sich, uns Jungen nichts davon merken zu lassen, vor allem: nie einen häßlichen, verstö- renden Anblick zu bieten. Darin lag auch ein lie- benswerter Zug von Eitelkeit. War sie in der Jugend, wie man sagte, das «schönste Mädchen von Mainz» gewesen, so wollte sie im Hinster- ben für uns immer noch das Bild der schönen al- ten Frau bewahren. Nie durften wir bei einem Besuch zu ihr hereinkommen, bevor sie sich auf ihrem Schmerzenslager «zurecht gemacht», ge- pflegt, gekämmt, das Zimmer gelüftet hatte. Dann lag sie, hoch aufgebettet, mit einem Spitzenjäckchen um die Schultern und stickte – von den glänzenden Farben der Seidengarnrollen umgeben – an einer Altardecke für die von ihr besonders geliebte Domkapelle der «Madonna im Rosenhag». So sah ich sie zum letzten Mal, bei einem kurzen Urlaub von der militärischen Ausbildung. Sie hielt meine Hand, sah mich lange an, als versuche sie, in meinem Gesicht etwas zu erkennen, herauszulesen, dann nickte sie mir zu und sagte: «Dir wird nichts passieren.» Mehr konnte sie nicht sprechen, und ich mußte gehn. Auch zu meinen Eltern, die bei ihrem Tod zugegen waren, sagte sie noch einmal: «Das Carlche kommt wieder.» Ich war damals, da mein Bruder noch zurückgestellt war, der erste ihrer Enkel, der ins Feld ging.

Sie starb im Herbst 1914, kurz vor meinem Ausrücken an die Front. Ich wohnte ihrer Aufbahrung an der Eppichmauergasse und dem Begräbnis auf dem Mainzer Friedhof bei. Das Bildnis dieser in Leidensüberwindung und mit der Tröstung der Sakramente verstorbenen alten Frau, die große Stille auf ihrem todesblassen, doch unentstellten Antlitz, mit dem violetten Häubchen auf dem weißen Scheitel und den von ihr selbst vorsorglich ausgewählten Sterbekleidern angetan, der bittere Duft von Herbstblumen und die Sanftmut ihrer über der Brust gefalteten Hände, diese Erscheinung des Todes als

der «mildesten Form», der Auflösung des erfüll-
ten, zu Ende gelebten Lebens, begleitete mich –
es läßt sich nicht anders sagen – wie eine un-
hörbare Musik, wie eine nie verlierbare, aber
auch nie ganz verständliche Stimme, durch all
die Schreckensjahre des Krieges, und durch alles,
was später kommen sollte.

Brief an eine Enkelin

Meine liebe Sybille!

Es hat dem großmütterlichen Herzen wohlge-
tan, von Dir zu hören, daß Du gerne Briefe mit
mir wechselst. Das zeigt mir, daß wir uns trotz
des Generationenunterschiedes und den dadurch
bedingten Lebensauffassungen doch noch etwas
zu sagen haben. Vieles wirst Du erst verstehen
können, wenn Du einmal selbst Großmutter geworden bist.

Jetzt aber bist Du erst einmal Studentin, und
das in der Stadt, in der auch ich einen großen
und schönen Teil meiner Jugend verbracht habe.
Du berichtest, daß Du gerne im alten Friedhof
herumwanderst auf der Suche nach Gräbern Deiner und meiner Voreltern. So will ich Dir ein
wenig von den «Alten» erzählen, die zu meiner

Jugendzeit eigentlich noch jung gewesen sind, eine Tatsache, die ich heute rückblickend immer wieder mit Erstaunen überlege. Damals nämlich sind sie mir ganz gewiß nicht so vorgekommen. Nach Aussehen und Gehabe waren Großmütter damals eben auch ehrwürdige, respektheischende alte Damen. Langer Schleppsrock, bis ans Kinn hochgeschlossene fischbeingestützte «Taille», Kapotthütchen mit Federn oder Jettperlen verziert, der obligate Sonnenschirm, dazu ein Pompadour, das war die Großmutteruniform. Natürlich in dunklen Farben, allenfalls durch einen Tupfen lila belebt. So schritten die Großmamas ohne Hast und gemessen daher. Und wie sieht es heute aus?

Da hopsen die kessen Omis und Omas (ob sie reinpassen oder nicht) in Hosen und munteren Oberteilen herum, sportlich und keineswegs matronenhaft. Fragt sich, ob diese so ganz anderen Omas sich nun besser mit den Enkeln verstehen als unsere alten Großmamas?

Letzten Endes wird das immer eine Frage der Persönlichkeit bleiben, meine ich, ob sie nun in alter oder neuer Verpackung steckt. Gegenseitige Achtung, liebendes Verstehenwollen wird immer eine gute Basis bleiben für die Beziehung zwischen Jung und Alt. Wenn beide Seiten etwas zu- und abgeben und nicht stur auf ihren Generationenstandpunkten verharren, dann sollte es auch heute noch geliebte Großmütter geben.

Ich habe meine Großmama, auch wenn sie oft Kritik an mir übte oder anderer Ansicht war, sehr lieb gehabt, und ich glaube und hoffe, daß auch meine Enkelkinder allem zum Trotz ihre Oma gern mögen. Glücklich, wer solches sagen kann!

Wenn Du nach vielen, vielen Jahren auch einmal so an Deine alte Großmama zurückdenken kannst, dann freut sich von Herzen

Deine Oma

P. S. Das Brotrezept von meiner Großmutter schicke ich dir das nächste Mal!

«Die wohlberatene Hausfrau in Stadt und Land», ein 1868 von zwei hochwohllöblichen Damen aus dem Schwabenland herausgegebenes Haushaltbuch, in dem genau geschrieben steht, «was eine Hausfrau wissen soll und muß, wenn sie ihr und der Ihrigen Wohlsein und Glück begründen will», beschreibt den Tagesablauf einer tüchtigen Hausfrau so:

Uhrzeit	*Verrichtung*
4.30 bis 4.45	Aufstehen, Anziehen, Waschen
4.45 bis 5.00	Morgengebet
5.00 bis 5.15	Anordnung der Tagesgeschäfte
5.15 bis 5.30	Arbeitsvorbereitungen
5.30 bis 5.45	Frühstück
5.45 bis 9.00	Arbeitszeit
9.00 bis 9.15	Erholungszeit mit Erfrischung
9.15 bis 12.00	Arbeitszeit
12.00 bis 13.00	Mittagessen mit Erholung
13.00 bis 16.00	Arbeitszeit
16.00 bis 16.30	Erholung mit Erfrischung
16.30 bis 20.00	Arbeitszeit

20.00 bis 20.30	Nachtessen
20.30 bis 21.00	Ruhe und Erholung
21.00	Abendgebet und Schlafengehen

Macht total zwölf Stunden dreißig Minuten gedrängte Arbeitszeit für die «gemüthliche, fürsorgende Hausfrau, die gewissenhafte, liebevolle Erzieherin der Kinder, die treueste, theilnehmdste Freundin des Mannes».

Das war Großmutters Großmutter zugedacht. Die Enkelin ihrer Enkelin aber soll in Zukunft für ihren Haushalt nur noch dreieinhalb Stunden täglich aufzuwenden haben. Und was resultiert daraus für ihre Kinder?

Heimweh nach Omas Herd. Bildlich und wörtlich. Nach der Wärme, die kein Mixer und kein Ultraschallherd vermitteln kann, nach Speisen, die es zwar am elterlichen Tisch nicht mehr gibt, wovon Vater oder Mutter aber immer noch schwärmen. Nach Rezepten, für die viel Zeit aufgewendet wird, bei deren Ausführung man zusehen, plaudern, sich entspannen kann und die dann mit Liebe angerichtet werden.

Andrerseits soll es natürlich auch vorkommen, daß Enkel bei Oma mit Wonne aus Büchsen essen, weil es das zu Hause nicht mehr gibt!

Wie dem auch sei: Omas Küche lebt! Sie lebt so lebhaft, daß sehr viele gescheite Leute wieder feststellen, daß sie gesünder, vernünftiger, durchdachter und ausgeglichner war als viele Kochtheorien, die sie abzulösen schienen. Henriette Davidis, eine Kochbuchautorin, um die bis in die dreißiger Jahre hinein keine deutschsprachige Hausfrau herumkam, formulierte ihre Grundregeln für Omas Küche so:

Anforderungen an eine Köchin

Die erste, um wohlschmeckend und fein zu kochen, ist große Reinlichkeit, welche ich allen jungen Anfängerinnen freundlich anempfehle und die bei der ersten Gewöhnung mit Leichtigkeit sich einübt. Es besteht diese in gründlicher Sauberkeit der Hände, der Küche, der sämtlichen Küchengeräte, der Anrichten und Tische sowie auch im Waschen und Spülen der Gemüse.

Die zweite ist Sparsamkeit. Das Übermaß an Zucker, Butter und Gewürzen macht die Speisen nicht wohlschmeckend, wohl aber benimmt es denselben das Feine.

Die dritte ist Achtsamkeit und Überlegung, die darin besteht, die Speisen zur rechten Zeit, weder zu früh noch zu spät, aufs Feuer zu bringen. Die Größe der Töpfe muß mit den Portionen im richtigen Verhältnis stehen. Das Feuer muß gehörig besorgt werden, so daß die Speisen gleichmäßig, nicht zu stark, doch auch nicht zu wenig kochen.

Die vierte, daß man, ehe ein Gericht zu machen angefangen wird, die nötigen Bestandteile heranholt, auch mit ruhiger Überlegung verarbeitet, um zu vermeiden, daß die Arbeit später zu sehr sich häufe und man vielmehr Zeit gewinnt, auch für das feine Anrichten der Speisen die nötige Sorgfalt zu verwenden, da oft die schmackhaftesten Gerichte durch unordentliches Anrichten ihren Wert verlieren.

Enkelmund

Oma zeigt ihrem Enkel Thomas das Familiengrab und sagt: «Siehst du, hier wird die Oma auch bald liegen.»

«Das finde ich prima», entgegnet der kleine Mann unbeeindruckt. «So nah beim Eingang, dann bist du bei der Auferstehung ganz schnell zu Hause.»

MEINRAD INGLIN

Eine Kindheitserinnerung

Mein Urgroßvater Werner, der hundert Jahre
vor mir geboren wurde, stand als Offizier noch
in fremden Diensten und warb nach seiner
Heimkehr Söldner an, die er jeweilen über die
Landesgrenze begleitete, bis der Bundesrat dem
Söldnerwesen ein Ende machte. Sein Reisläufer-
drang wirkte in seinen Söhnen weiter; der erste
verschwand im Krimkrieg, der zweite in Amerika. Sein dritter Sohn, Ulrich, mein Großvater,
blieb dem Soldatentum treu, er führte 1870/71
während der Grenzbesetzung eine Schützen-
kompanie und hatte nach dem Übertritt der
Armee Bourbaki Franzosen zu bewachen, doch
wurde er daheim immerhin bürgerlich seßhaft
und gewann ein Ansehen, das man mir häufig
genug unter die Nase rieb. Sein Bild zeigt ein
Gesicht mit gestutztem Bart und vollem Schnauz,
mit scharfblickenden, offenen Augen und einer
breiten Stirn, das Gesicht eines selbstbewußten,
von Natur gewichtigen Mannes, dem gleich zu
werden ich niemals hoffen konnte. «Er war ein
großer, schöner Mann», sagten meine Tanten, die
ich über ihn ausfragte, mit einem Nachklang von
Bewunderung. Was ich außerdem wissen wollte,

verrieten mir seine jüngeren Kameraden, die ihn überlebten. «Der Hauptmann Ulrich Amberg?» fragten sie angeregt, nickten lachend und schilderten ihn als aufgeschlossenen, lebensfreudigen, ja schalkhaft lustigen Mann.

Meine Erinnerung bewahrt ihn als den Urheber eines meiner frühesten Erlebnisse. Ich hatte eine Trommel geschenkt bekommen und schlegelte drauflos, da nahm er mich auf seine Knie, zeigte mir, wie man trommelt, und lehrte mich geduldig die Anfänge eines Marsches. Überwältigt saß ich unter seinem geneigten bärtigen Haupte, im Kreis seiner Arme, meine Fäustchen mit den Schlegeln in seinen führenden Händen, und erlebte zum erstenmal, daß es Takt und Rhythmus gab, die wichtiger waren als der bloße geschlegelte Lärm. Ich konnte es noch nicht verstehen, aber in meinem erstaunten Kindergemüt erwachte eine Lust daran, die mich nie mehr verließ.

Auch an die Großmutter erinnere ich mich nur im Zusammenhang mit frühen Erlebnissen. Auf einem Spaziergang durch die hell besonnte grüne Umgebung des Dorfes führte mich diese freundliche Frau in eine offene kleine Kapelle und zeigte mir einen aus Holz geschnitzten, bemalten Engel, der in anmutiger Haltung betend auf dem schmalen Altartisch kniete. Sie lenkte meine unruhige Neugier so eindringlich auf diesen Engel und schien noch zuletzt so entzückt von ihm, daß ich nicht recht verstand, warum wir die Kapelle so bald wieder verließen. Einige Tage später, als die Großmutter zu einem Kirchenbesuch aufbrach, steckte ich ihr meine beiden Trommelschlegel hinten unter die Tournure ihres Kleides, was bei ihrer altmodischen Tracht noch möglich war. Mit diesen Schlegeln, die sichtbar hervorragten, ging sie in die Kirche. Wie man mir später häufig erzählte, kniete sie nun dort auf ein Bänklein, aber da wurde hinter ihr so gekichert, daß sie sich befremdet umwandte. Sie sah ein paar Töchter oder junge Frauen, die mit dem Taschentuch vor dem Munde das Lachen kaum mehr verbeißen konnten. Dabei fiel einer der Schlegel zu Boden, die Nachbarin zur Linken hob ihn auf und gab ihn der Großmutter, dann zog ihr jemand den zweiten Schlegel heraus, der ihr rechts von hinten überreicht wurde, so daß die gute Frau errötend in die größte Verlegenheit geriet. Sie brachte mir das Schlegelpaar schimpfend zurück und wies meine schüchternen Annäherungsversuche so ungnädig ab, daß ich sehr traurig wurde und nach einem wirksameren Mittel suchte, um sie zu versöhnen. Da fiel mir der Engel ein. Es gelang mir, unbemerkt aus dem Hause wegzulaufen, ich rannte in jene Kapelle und zog die Engelstatue an ihrem Sockel vom niederen Altartisch in meine Arme herunter. Sie war halb so groß wie ich und schwerer, als ich vermutet hatte, doch umschloß ich sie fest mit beiden Armen und trug sie durch das Dorf nach Hause. Die Leute, die mir begegneten, blieben lächelnd stehen, woraus ich auf ihre freundliche Zustimmung schloß. Triumphierend und meiner Sache sicher trat ich mit dem Engel vor die Großmutter. Sie erschrak jedoch zu meiner Bestürzung über das seltene Geschenk und erklärte entschieden, daß man die Statue unverzüglich in die Kapelle zurückbringen müsse. So konnte ich es schon als unschuldiger Knirps den erwachsenen Leuten nicht recht machen.

Im selben Jahre befand ich mich einmal mit meinen Vettern Karl und Hans in einem fremdartigen Raum. Man hatte uns daheim das Sonntagsgewand mit dem weißen Matrosenkragen angezogen und uns verheißungsvoll die unverständliche Mitteilung gemacht, daß wir fotografiert werden sollten. Ich stand mit meiner Trommel auf einem Schemel in der Mitte, rechts saß Karl auf seinem Schaukelpferd, links stand Hans mit seinem Stoßkarren. Wir waren alle dreijährig und wollten nun spielen, aber zu unserem Erstaunen sollten wir nur so tun, als ob wir spielten, und dabei ganz still sein. Dies beunruhigte uns um so mehr, als Herr Stoffel und sein Apparat sich in ein Fabeltier verwandelten;

es hatte hinten kurze, dicke Beine, vorn aber ganz dünne und lange, es trug einen schwarzen Mantel um die hohen Schultern und ein gläsernes Auge an der Stirn, das uns bedrohlich anstarrte. Ich begegnete dieser Bedrohung, indem ich eifrig zu trommeln anfing, und sofort begann Karl zu schaukeln, Hans den Karren zu schieben. Man bestürmte uns von allen Seiten, nun doch die ruhige Pose wieder anzunehmen, was wir durchaus nicht begreifen konnten. Nach vieler Mühe gelang es aber doch; das Fabelwesen, das wir künftig Heustöffel nannten, da es einer riesigen Heuschrecke glich und überdies der Herr Stoffel gewesen war, blinzelte flüchtig, man lachte uns zu, und ich begann aus Leibeskräften die Schlegel zu rühren.

Enkelmund

Die Großmutter klagt über Rückenschmerzen.

«Wo tut es dir denn weh», fragt ihr kleiner Enkel Hans.

Die Großmutter zeigt ihm die Stelle.

«Vielleicht fangen bei dir die Flügel schon an zu wachsen?» fragt er interessiert.

BERTOLT BRECHT

Die unwürdige Greisin

Meine Großmutter war zweiundsiebzig Jahre alt, als mein Großvater starb. Er hatte eine kleine Lithographenanstalt in einem badischen Städtchen und arbeitete darin mit zwei, drei Gehilfen bis zu seinem Tod. Meine Großmutter besorgte ohne Magd den Haushalt, betreute das alte, wacklige Haus und kochte für die Mannsleute und Kinder.

Sie war eine kleine magere Frau mit lebhaften Eidechsenaugen, aber langsamer Sprechweise. Mit recht kärglichen Mitteln hatte sie fünf Kinder großgezogen – von den sieben, die sie geboren hatte. Davon war sie mit den Jahren kleiner geworden.

Von den Kindern gingen die zwei Mädchen nach Amerika, und zwei Söhne zogen ebenfalls weg. Nur der Jüngste, der eine schwache Gesundheit hatte, blieb im Städtchen. Er wurde Buchdrucker und legte sich eine viel zu große Familie zu.

So war sie allein im Haus, als mein Großvater gestorben war.

Die Kinder schrieben sich Briefe über das Problem, was mit ihr zu geschehen hätte. Einer konnte ihr bei sich ein Heim anbieten, und der Buchdrucker wollte mit den Seinen zu ihr ins Haus ziehen. Aber die Greisin verhielt sich abweisend zu den Vorschlägen und wollte nur von jedem ihrer Kinder, das dazu imstande war, eine kleine geldliche Unterstützung annehmen. Die Lithographenanstalt, längst veraltet, brachte fast nichts beim Verkauf, und es waren auch Schulden da.

Die Kinder schrieben ihr, sie könne doch nicht ganz allein leben, aber als sie darauf überhaupt nicht einging, gaben sie nach und schickten ihr monatlich ein bißchen Geld. Schließlich, dachten sie, war ja der Buchdrucker im Städtchen geblieben.

Der Buchdrucker übernahm es auch, seinen Geschwistern mitunter über die Mutter zu berichten. Seine Briefe an meinen Vater, und was dieser bei einem Besuch und nach dem Begräbnis meiner Großmutter zwei Jahre später erfuhr, geben mir ein Bild von dem, was in diesen zwei Jahren geschah.

Es scheint, daß der Buchdrucker von Anfang an enttäuscht war, daß meine Großmutter sich weigerte, ihn in das ziemlich große und nun leerstehende Haus aufzunehmen. Er wohnte mit vier Kindern in drei Zimmern. Aber die Greisin hielt überhaupt nur eine sehr lose Verbindung mit ihm aufrecht. Sie lud die Kinder jeden Sonntagnachmittag zum Kaffee, das war eigentlich alles.

Sie besuchte ihren Sohn ein- oder zweimal in einem Vierteljahr und half der Schwiegertochter beim Beereneinkochen. Die junge Frau entnahm einigen ihrer Äußerungen, daß es ihr in der kleinen Wohnung des Buchdruckers zu eng war. Dieser konnte sich nicht enthalten, in seinem Bericht darüber ein Ausrufezeichen anzubringen. Auf eine schriftliche Anfrage meines Vaters, was die alte Frau denn jetzt so mache, antwortete er ziemlich kurz, sie besuche das Kino.

Man muß verstehen, daß das nichts Gewöhnliches war, jedenfalls nicht in den Augen ihrer Kinder. Das Kino war vor dreißig Jahren noch nicht, was es heute ist. Es handelte sich um elende, schlechtgelüftete Lokale, oft in alten Kegelbahnen eingerichtet, mit schreienden Plakaten vor dem Eingang, auf denen Morde und Tragödien der Leidenschaft angezeigt waren. Eigentlich gingen nur Halbwüchsige hin oder, des Dunkels wegen, Liebespaare. Eine einzelne alte Frau mußte dort sicher auffallen.

Und so war noch eine andere Seite dieses Kinobesuchs zu bedenken. Der Eintritt war gewiß billig, da aber das Vergnügen ungefähr unter den Schleckereien rangierte, bedeutete es «hinausgeworfenes Geld». Und Geld hinauszuwerfen, war nicht respektabel.

Dazu kam, daß meine Großmutter nicht nur mit ihrem Sohn am Ort keinen regelmäßigen Verkehr pflegte, sondern auch sonst niemanden von ihren Bekannten besuchte oder einlud. Sie ging niemals zu den Kaffeegesellschaften des Städtchens. Dafür besuchte sie häufig die Werkstatt eines Flickschusters in einem armen und sogar etwas verrufenen Gäßchen, in der, besonders nachmittags, allerlei nicht besonders respektable Existenzen herumsaßen, stellungslose Kellnerinnen und Handwerksburschen. Der Flickschuster war ein Mann in mittleren Jahren, der in der ganzen Welt herumgekommen war, ohne es zu etwas gebracht zu haben. Es hieß auch, daß er trank. Er war jedenfalls kein Verkehr für meine Großmutter.

Der Buchdrucker deutete in einem Brief an, daß er seine Mutter darauf hingewiesen, aber einen recht kühlen Bescheid bekommen habe. «Er hat etwas gesehen», war ihre Antwort, und das Gespräch war damit zu Ende. Es war nicht leicht, mit meiner Großmutter über Dinge zu reden, die sie nicht bereden wollte.

Etwa ein halbes Jahr nach dem Tod des Großvaters schrieb der Buchdrucker meinem Vater, daß die Mutter jetzt jeden zweiten Tag im Gasthof esse.

Was für eine Nachricht!

Großmutter, die zeit ihres Lebens für ein Dutzend Menschen gekocht und immer nur die Reste aufgegessen hatte, aß jetzt im Gasthof! Was war in sie gefahren?

Bald darauf führte meinen Vater eine Geschäftsreise in die Nähe, und er besuchte seine Mutter.

Er traf sie im Begriffe, auszugehen. Sie nahm den Hut wieder ab und setzte ihm ein Glas Rotwein mit Zwieback vor. Sie schien ganz ausgeglichener Stimmung zu sein, weder besonders aufgekratzt noch besonders schweigsam. Sie erkundigte sich nach uns, allerdings nicht sehr eingehend, und wollte hauptsächlich wissen, ob es für die Kinder auch Kirschen gäbe. Da war sie ganz wie immer. Die Stube war natürlich peinlich sauber, und sie sah gesund aus.

Das einzige, was auf ihr neues Leben hindeutete, war, daß sie nicht mit meinem Vater auf den Gottesacker gehen wollte, das Grab ihres Mannes zu besuchen. «Du kannst allein hingehen», sagte sie beiläufig, «es ist das dritte von links in der elften Reihe. Ich muß noch wohin.»

Der Buchdrucker erklärte nachher, daß sie wahrscheinlich zu ihrem Flickschuster mußte. Er klagte sehr.

«Ich sitze hier in diesen Löchern mit den Meinen und habe nur noch fünf Stunden Arbeit und schlechtbezahlte, dazu macht mir mein Asthma wieder zu schaffen, und das Haus in der Hauptstraße steht leer.»

Mein Vater hatte im Gasthof ein Zimmer genommen, aber erwartet, daß er zum Wohnen doch von seiner Mutter eingeladen werden würde, wenigstens pro forma, aber sie sprach nicht davon. Und sogar als das Haus voll gewesen war, hatte sie immer etwas dagegen gehabt, daß er nicht bei ihnen wohnte und dazu das Geld für das Hotel ausgab!

Aber sie schien mit ihrem Familienleben abgeschlossen zu haben und neue Wege zu gehen, jetzt, wo ihr Leben sich neigte. Mein Vater, der eine gute Portion Humor besaß, fand sie «ganz munter» und sagte meinem Onkel, er solle die alte Frau machen lassen, was sie wolle.

Aber was wollte sie?

Das nächste, was berichtet wurde, war, daß sie eine Bregg bestellt hatte und nach einem Ausflugsort gefahren war, an einem gewöhnlichen Donnerstag. Eine Bregg war ein großes, hochrädriges Pferdegefährt mit Plätzen für ganze Familien. Einige wenige Male, wenn wir Enkelkinder zu Besuch gekommen waren, hatte Großvater die Bregg gemietet. Großmutter war immer zu Hause geblieben. Sie hatte es mit einer wegwerfenden Handbewegung abgelehnt, mitzukommen.

Und nach der Bregg kam die Reise nach K.,

einer größeren Stadt, etwa zwei Eisenbahnstunden entfernt. Dort war ein Pferderennen, und zu dem Pferderennen fuhr meine Großmutter.

Der Buchdrucker war jetzt durch und durch alarmiert. Er wollte einen Arzt hinzugezogen haben. Mein Vater schüttelte den Kopf, als er den Brief las, lehnte aber die Hinzuziehung eines Arztes ab.

Nach K. war meine Großmutter nicht allein gefahren. Sie hatte ein junges Mädchen mitgenommen, eine halb Schwachsinnige, wie der Buchdrucker schrieb, das Küchenmädchen des Gasthofs, in dem die Greisin jeden zweiten Tag speiste.

Dieser «Krüppel» spielte von jetzt an eine Rolle.

Meine Großmutter schien einen Narren an ihr gefressen zu haben. Sie nahm sie mit ins Kino und zum Flickschuster, der sich übrigens als Sozialdemokrat herausgestellt hatte, und es ging das Gerücht, daß die beiden Frauen bei einem Glas Rotwein in der Küche Karten spielten.

«Sie hat dem Krüppel jetzt einen Hut gekauft mit Rosen drauf», schrieb der Buchdrucker verzweifelt. «Und unsere Anna hat kein Kommunionskleid!»

Die Briefe meines Onkels wurden ganz hysterisch, handelten nur von der «unwürdigen Aufführung unserer lieben Mutter» und gaben sonst nichts mehr her. Das Weitere habe ich von meinem Vater.

Der Gastwirt hatte ihm mit Augenzwinkern zugeraunt: «Frau B. amüsiert sich ja jetzt, wie man hört.»

In Wirklichkeit lebte meine Großmutter auch diese letzten Jahre keinesfalls üppig. Wenn sie nicht im Gasthof aß, nahm sie meist nur ein wenig Eierspeise zu sich, etwas Kaffee und vor allem ihren geliebten Zwieback. Dafür leistete sie sich einen billigen Rotwein, von dem sie zu allen Mahlzeiten ein kleines Glas trank. Das Haus hielt sie sehr rein, und nicht nur die Schlafstube und die Küche, die sie benutzte. Jedoch nahm sie darauf ohne Wissen ihrer Kinder eine Hypothek auf. Es kam niemals heraus, was sie mit dem Geld machte. Sie scheint es dem Flickschuster gegeben zu haben. Er zog nach ihrem Tod in eine andere Stadt und soll dort ein größeres Geschäft für Maßschuhe eröffnet haben.

Genau betrachtet lebte sie hintereinander zwei Leben. Das eine, erste, als Tochter, als Frau und als Mutter, und das zweite einfach als Frau B., eine alleinstehende Person ohne Verpflichtungen und mit bescheidenen, aber ausreichenden Mitteln. Das erste Leben dauerte etwa sechs Jahrzehnte, das zweite nicht mehr als zwei Jahre.

Mein Vater brachte in Erfahrung, daß sie im

letzten halben Jahr sich gewisse Freiheiten gestattete, die normale Leute gar nicht kennen. So konnte sie im Sommer früh um drei Uhr aufstehen und durch die leeren Straßen des Städtchens spazieren, das sie so für sich ganz allein hatte. Und den Pfarrer, der sie besuchen kam, um der alten Frau in ihrer Vereinsamung Gesellschaft zu leisten, lud sie, wie allgemein behauptet wurde, ins Kino ein!

Sie war keineswegs vereinsamt. Bei dem Flickschuster verkehrten anscheinend lauter lustige Leute, und es wurde viel erzählt. Sie hatte dort immer eine Flasche ihres eigenen Rotweins stehen, und daraus trank sie ihr Gläschen, während die anderen erzählten und über die würdigen Autoritäten der Stadt loszogen. Dieser Rotwein blieb für sie reserviert, jedoch brachte sie mitunter der Gesellschaft stärkere Getränke mit.

Sie starb ganz unvermittelt an einem Herbstnachmittag in ihrem Schlafzimmer, aber nicht im Bett, sondern auf dem Holzstuhl am Fenster. Sie hatte den «Krüppel» für den Abend ins Kino eingeladen, und so war das Mädchen bei ihr, als sie starb. Sie war vierundsiebzig Jahre alt.

Ich habe eine Fotografie von ihr gesehen, die sie auf dem Totenbett zeigt und die für die Kinder angefertigt worden war.

Man sieht ein winziges Gesichtchen mit vielen Falten und einen schmallippigen, aber breiten Mund. Viel Kleines, aber nichts Kleinliches. Sie hatte die langen Jahre der Knechtschaft und die kurzen Jahre der Freiheit ausgekostet und das Brot des Lebens aufgezehrt bis auf den letzten Brosamen.

WALTER BENJAMIN

Blumeshof

Blumeshof. Keine Klingel schlug freundlicher an. Hinter der Schwelle dieser Wohnung war ich geborgener als selbst in der elterlichen. Übrigens hieß es nicht Blumes-Hof, sondern Blumezoof, und es war eine riesige Plüschblume, die so, aus krauser Hülle, mir ins Gesicht fuhr. In ihrem Innern saß die Großmutter; die Mutter meiner Mutter. Sie war Witwe. Wenn man die alte Dame auf ihrem teppichbelegten und mit einer kleinen Balustrade verzierten Erker, welcher auf den Blumeshof herausging, besuchte, konnte man sich schwerlich denken, wie sie große Seefahrten oder gar Ausflüge in die Wüste unter Leitung von «Stangens Reisen» unternommen hatte, an die sie sich alle paar Jahre anschloß. Madonna di Campiglio und Brindisi,

Westerland und Athen und von wo sonst sie auf ihren Reisen Ansichtskarten schickte – in ihnen allen stand die Luft von Blumeshof. Und die große, bequeme Handschrift, die den Fuß der Bilder umspielte oder sich in ihrem Himmel wölkte, zeigte sie so ganz und gar von meiner Großmutter bewohnt, daß sie zu Kolonien des Blumeshof wurden. Wenn dann ihr Mutterland sich wieder auftat, betrat ich dessen Dielen so voll Scheu, als hätten sie mit ihrer Herrin auf den Wellen des Bosporus getanzt und als verberge sich in den Persern noch der Staub von Samarkand. Mit welchen Worten das unvordenkliche Gefühl von bürgerlicher Sicherheit umschreiben, das von dieser Wohnung ausging?

Das Inventar in ihren vielen Zimmern würde heute keinem Trödler Ehre machen. Denn wenn auch die Erzeugnisse der siebziger Jahre so viel solider waren als die späteren des Jugendstils – das Unverwechselbare an ihnen war der Schlendrian, mit dem sie dem Lauf der Zeit die Dinge überließen und sich, was ihre Zukunft anbetraf, allein der Haltbarkeit des Materials und nirgends der Vernunftberechnung anvertrauten. Das Elend konnte in diesen Räumen keine Stelle haben, in denen ja nicht einmal der Tod sie hatte. Es gab in ihnen keinen Platz zum Sterben; darum starben ihre Bewohner in den Sanatorien, die Möbel aber kamen gleich im ersten Erbgang an den Händler. In ihnen war der Tod nicht vorgesehen. Darum erschienen sie bei Tage so gemütlich und wurden nachts der Schauplatz böser Träume. Das Stiegenhaus, das ich betrat, erwies sich als Wohnsitz eines Alps, der mich zuerst an allen Gliedern schwer und kraftlos machte, um schließlich, als mich nur noch wenige Schritte von der ersehnten Schwelle trennten, mich in Bann zu schlagen. Dergleichen Träume sind der Preis gewesen, mit dem ich die Geborgenheit erkaufte. Die Großmutter starb nicht im Blumeshof. Ihr gegenüber wohnte lange Zeit die Mutter meines Vaters, die schon älter war. Auch sie starb anderswo. So ist die Straße mir zum Elysium, zum Schattenreich unsterblicher, doch abgeschiedener Großmütter geworden. Und weil die Phantasie, wenn sie einmal den Schleier über eine Gegend geworfen hat, gern seine Ränder von unfaßlichen Launen sich kräuseln läßt, hat sie ein Kolonialwarengeschäft, das in der Nähe liegt, zu einem Denkmal des Großvaters gemacht, der Kaufmann war, nur weil sein Inhaber auch Georg hieß. Das Brustbild dieses Frühverstorbenen hing lebensgroß und als Pendant zu jenem seiner Frau im Flur, der zu den abgelegeneren Teilen der Wohnung führte. Wechselnde Gelegenheiten riefen sie ins Leben. Der Besuch einer verheirateten Tochter eröffnete ein längst außer Gebrauch gekommenes Spinden-

zimmer; ein anderes Hinterzimmer nahm mich
auf, wenn die Erwachsenen Mittagsruhe hielten;
ein drittes war es, aus dem das Scheppern der
Nähmaschine an den Tagen drang, an denen eine
Schneiderin ins Haus kam.

Der wichtigste von diesen abgelegenen Räumen war für mich die Loggia, sei es, weil sie,
bescheidener möbliert, von den Erwachsenen
weniger geschätzt war, sei es, weil gedämpft der
Straßenlärm heraufdrang, sei es, weil sie mir
den Blick auf fremde Höfe mit Portiers, Kindern und Leierkastenmännern freigab. Es waren
übrigens mehr Stimmen als Gestalten, die von
der Loggia sich eröffneten. Auch war das Viertel
vornehm und das Treiben auf seinen Höfen niemals sehr bewegt; etwas von der Gelassenheit
der Reichen, für die die Arbeit hier verrichtet
wurde, hatte sich dieser selber mitgeteilt, und alles schien bereit, ganz unversehens in tiefen
Sonntagsfrieden zu verfallen. Darum war der
Sonntag der Tag der Loggia. Der Sonntag, den
die andern Räume, die wie schadhaft waren, nie
ganz fassen konnten, denn er sickerte durch sie
hindurch – allein die Loggia, die auf den Hof
mit seinen Teppichstangen und den andern Log-
gien hinausging, faßte ihn, und keine Schwin-
gung der Glockenfracht, mit der die Zwölf-
Apostel- und die Matthäikirche sie beluden,
glitt von ihr hinab, sondern bis Abend blieben

sie dort aufgestapelt. Die Zimmer dieser Wohnung waren nicht nur zahlreich, sondern zum Teil sehr ausgedehnt. Der Großmutter auf ihrem Erker guten Tag zu sagen, wo neben ihrem Nähkorb dann sehr bald Obst oder Schokolade vor mir stand, mußte ich durch das riesige Speisezimmer, um dann das Erkerzimmer zu durchwandern.

Aber der erste Weihnachtsfeiertag erst zeigte, wozu denn eigentlich diese Räume geschaffen waren. Freilich war der Beginn des großen Festes alljährlich mit einer sonderbaren Schwierigkeit verbunden. Die langen Tafeln nämlich, welche der Bescherung dienten, waren der Menge der Beschenkten wegen dicht bestellt. Es war da nicht nur die Familie in allen ihren Verzweigungen bedacht; auch die Bedienung hatte ihre Plätze unterm Baum und neben der jeweiligen auch die alte, die schon im Ruhestande war. So nahe darum Platz an Platz stieß, war man nie vor unvorhergesehenen Gebietsverlusten sicher, wenn nachmittags, nach Schluß des großen Essens noch einem alten Faktotum oder dem Portierkind aufzudecken war. Aber nicht darin lag die Schwierigkeit, sondern zu Anfang, wenn die Flügeltür sich auftat. Im Hintergrund des großen Zimmers glitzerte der Baum. An den langen Tafeln war keine Stelle, von der nicht zumindest ein bunter Teller mit dem Marzipan und seinen Tannenzweigen lockte; dazu winkten von vielen Spielsachen und Bücher. Besser, nicht zu genau sich auf sie einzulassen. Ich hätte mir den Tag verderben können, wenn ich mich vorschnell auf Geschenke stimmte, die dann rechtmäßiger Besitz von andern wurden. Dem zu entgehen, blieb ich auf der Schwelle wie angewurzelt stehen, auf den Lippen ein Lächeln, von dem keiner hätte sagen können, ob der Glanz des Baumes es in mir erweckte oder aber der der mir bestimmten Gaben, denen ich mich, überwältigt, nicht zu nahen wagte.

Aber am Ende war es ein Drittes, was tiefer als die vorgetäuschten Gründe und sogar als mein echter mich bestimmte. Denn noch gehörten die Geschenke dort ein wenig mehr dem Geber als mir selbst. Sie waren spröde; groß war meine Angst, sie ungeschickt vor aller Augen anzufassen. Erst draußen auf der Diele, wo das Mädchen sie uns mit Packpapier umwickelte und ihre Form in Bündeln und Kartons verschwunden war, um uns an ihrer Statt als Bürgschaft ihr Gewicht zu hinterlassen, waren wir ganz der neuen Habe sicher. Das war nach vielen Stunden. Wenn wir dann, die Sachen fest eingeschlagen und verschnürt am Arm, in die Dämmerung hinaustraten, die Droschke vor der Haustür wartete, der Schnee unangetastet auf Gesimsen und Staketen, getrübter auf dem Pflaster lag, vom Lützowufer her Geklingel eines Schlittens anging und die Gaslaternen, die eine nach der andern sich erhellten, den Gang des Laternenanzünders verrieten, der auch an diesem süßen Feiertagabend seine Stange hatte schultern müssen – dann war die Stadt so in sich selbst versunken wie ein Sack, der schwer von mir und meinem Glück war ...

BARBARA NOACK

Nie wieder siebzig

Martha Gutmanns Dreizimmerwohnung glich an diesem Tag einer Notunterkunft während eines Belagerungszustandes. Sie mußte ständig sämtliche Fenster geöffnet halten, um das Geschnatter der vielen Gratulanten ablassen zu können.

Bastians Anrufe hatten siebenundzwanzig Verwandte nach München zitiert.

Dazu dreizehn Personen aus der Nachbarschaft.

Vom Krankenhaus kamen Schwester Theresa, die zufällig ihren freien Nachmittag hatte, und eine Lernschwester. Zwei Töchter von Großmutter gingen herum und schauten sich genau die Möbel an, aber es war nicht viel dabei, was sich zu erben lohnte.

Zwischen den Beinen der Erwachsenen prügelten sich Urenkel in Sonntagskleidern. Eines brüllte immer. Die Torten reichten nicht.

Onkel Hermann, der Lebemann der Familie, kniff seiner siebzehnjährigen Nichte in den Popo.

Großmutters Schwester Meta war beleidigt, weil man ihren Erzfeind Bruno auch eingeladen hatte. Sie fuhr einen Zug früher als beabsichtigt nach Augsburg zurück. Großmutters beste Vase ging in Scherben. Keiner wollte es gewesen sein.

Bereits um vier Uhr nachmittags war ihr Sohn Manfred sternhagelvoll und stänkerte mit seiner Frau, welche darüber in Tränen ausbrach.

Sie hatten nicht genügend Tassen und Teller, auch wenn sie zwischendurch immer wieder abwuschen.

Einer ging, einer kam. Jeder wollte herzlich begrüßt und herzlich verabschiedet werden.

Die Erwachsenen sagten, bloß keinen Kuchen, sie müßten an die Kalorien denken und fraßen.

Gegen halb sechs klingelte ein Student, der Großmutter ein Zeitschriftenabonnement aufschwatzen wollte.

Zehn Minuten später stand ein alter Mann vor der Tür und entblößte zwei Reihen falscher

Zähne in einem unendlich freudigen Lachen. Fragte «Martha? Bist du's?» und war ihr Schwager Alois, der 1936 nach Schweden ausgewandert war.

Sie hatte geglaubt, er wäre längst tot, weil sie in den letzten Jahren keinen Weihnachtsgruß von ihm erhalten hatte.

So kann man sich irren.

Schwager Alois ahnte nichts von ihrem Geburtstag. Er kam rein zufällig vorbei als Teilnehmer einer schwedischen Reisegruppe. Seit er Witwer war und sein Holzgeschäft verkauft hatte, machte er jedes Jahr eine Auslandsreise.

Martha Gutmann freute sich sehr, aber mußte er ausgerechnet heute kommen?

Sie hatte nichts lieber als Besuch, doch der hier war ihr zu viel.

Das war kein Besuch, sondern ein familiärer Heuschreckenschwarm, der über sie hereingebrochen war und ihre Vorräte kahl fraß und trank und miteinander und durcheinander übereinander tratschte und hudelte. Es war nicht mehr schön.

Großmutter hatte nur die Arbeit und den Abwasch und die Sorge um den Nachschub. Ihr Portemonnaie wurde nicht mehr kalt in ihrer Hand.

Wie gern hätte sie mit Schwester Theresa über das Krankenhaus gesprochen, an das sie noch immer wie andere an Teneriffa dachte. Aber wann sollte sie? Sie saß ja keinen Moment still.

Sie war Serviermädchen, Küchenpersonal, Empfangsdame, Gastgeberin und Finanzier dieser lautstarken Invasion. Und zwischendurch mußte sie dem brüllenden Kathrinchen die Flasche geben. Denn Susi, die um vier Uhr Zigaretten holen gegangen war, war um sechs noch immer nicht zurück. Anscheinend holte sie Zigaretten aus Augsburg.

Gegen halb sieben erschien Bastian wieder. Es gelang ihm, innerhalb einer Viertelstunde die Stuben leerzufegen, ohne dabei jemanden ins Kreuz oder ins Schienbein zu treten.

Man schied mit dem indirekten Vorwurf an die Gastgeberin, zuviel gegessen und getrunken zu haben.

Servus Martha – Pfüat di – Wiedersehen – mach's gut, Oma – sagt Oma schön auf Wiedersehn – gebt Küßchen, küßchen hab ich gesagt!!

Und vielen Dank auch.

Martha Gutmann war fix und fertig. Rückblickend kam ihr der Tag wie ein turbulenter Alptraum vor.

«Da siehst du mal wieder, wie das ist, wenn

all die kommen, die du im Laufe eines Jahres einlädst», sagte Bastian. «Und das waren noch nicht mal alle, sondern nur ein Bruchteil.»

«Ja», nickte Großmutter. «O ja –»

Sie schlief bereits in ihrem Sessel, als Katharina Freude wenig später vor der Tür stand, um ihr Glückwünsche und Blumen abzugeben.

«Na, wie war's?»

«Wie auf einer Breughelschen Bauernhochzeit. So schnell wird meine Großmutter nicht wieder siebzig», sagte Bastian. «Komm 'rein.»

Sie standen im Wohnzimmer und tranken auf das Wohl der leise schnarchenden Jubilarin.

Auf daß sie noch lange leben möge!

Oma, spielst du mit mir?

Auch wenn sie früher Karten- und Würfelspiele gehaßt, um das Domino einen Bogen gemacht und den Bridgetisch gemieden haben – sobald ein Enkelkind mit unschuldsvollem Augenaufschlag, aber dafür in diktatorischem Ton nach einem Spiel verlangt, werden die meisten Großmütter schwach. Wohl dem, der dann einigermaßen gewappnet ist und auch längere «Durststrecken» spielend überwinden kann. Dafür wäre es ganz nützlich, folgendes in Schublade und Schrank zu haben:

– Gesellschaftsspiele, Spielkarten, Dominosteine, Quartette;
– einen Zettelkasten und Bleistifte für Schreibspiele;
– alte und neue Postkarten, zum Anschauen und zum Verschicken;
– Wollreste und Stoffreste;
– einen Koffer voll alter Klamotten zum Verkleiden;
– Spielsachen (z. B. eine Puppenstube oder -küche, eine Laterna magica oder Eisenbahn), die noch von Vater bzw. Mutter stammen;
– Buntstifte, Ölkreiden, Malbücher;
– Schere, Buntpapier und Klebe;
– Bauklötze oder Holzabfälle;

- eine Schachtel voll alter Knöpfe;
- Gartengeräte aus Plastik;
- alte Fotos und Fotoalben – möglichst mit einer entsprechenden Erinnerungsgeschichte;
- Bilderbücher, Bücher aus Omas Jugendzeit (Nesthäkchen, Trotzköpfchen, Karl May, Märchenbücher);

und eine eigene warme Kuscheldecke, in die man sich einwickeln kann, wenn Oma vorliest!

Und hier noch ein paar Spielideen und Kinderverse:

Alle Vögel fliegen hoch!

Die Mitspieler sitzen um den Tisch, und die Großmutter ruft laut: «Alle Vögel fliegen hoch ... Amseln fliegen hoch ... Gänse fliegen hoch ... Schwalben fliegen hoch ...» usw. Bei jedem genannten Tier heben die Kinder die Arme hoch. Mogelt die Großmutter jedoch einen Elefanten oder ein anderes Tier, das nicht fliegen kann, in die Reihe, darf keiner die Arme heben. Wer drauf reinfällt und es dennoch tut, muß ein Pfand geben oder ausscheiden.

Wer lügt denn da?

Spielkarten werden gemischt und mit verdeckter Blattseite ausgeteilt. Die Mitspieler legen einer nach dem andern je eine Karte verdeckt auf den Tisch und sagen auf gut Glück eine

Farbe an (also Kreuz, Herz, Schippe oder Karo), ohne jedoch zu wissen, ob das stimmt. Auf Befragen eines Mitspielers muß man seine Karte aufdecken. War die Angabe richtig, muß der Fragesteller alle Karten an sich nehmen; war sie falsch, muß der Befragte die Karten nehmen. Wer zuerst keine Karte mehr hat, hat gewonnen.

Buchstabenraten

Mit verbundenen Augen läßt man das Kind mit einem Bleistift in einer Zeitung oder einem Buch einen Buchstaben stechen. Nun muß es so rasch wie möglich alle Wörter aufsagen (oder aufschreiben), die ihm mit diesem Anfangsbuchstaben einfallen. Es hat eine Minute Zeit dafür, dann kommt der nächste an die Reihe, der einen neuen Buchstaben sticht. Wer am Schluß die meisten Wörter hat, ist Sieger.

Männchenmalen

Jeder Mitspieler zeichnet oben auf ein Blatt Papier einen Kopf und den Ansatz des Halses. Dann faltet er seinen Zettel so, daß nur noch ein kleines Halsansatzstück herausschaut, und gibt ihn dem Nebenmann. Der zeichnet nun Brust und Arme, faltet und gibt weiter. Der nächste malt Hose oder Rock bis zum Knie, faltet und reicht weiter. Dann kommen noch Beine und Füße, und zum Schluß wird das ganze gefaltete Blatt mit dem Namen der Personen versehen, die man zu zeichnen begonnen hat. Beim Entfalten der Zeichnungen, die meistens sehr komisch herauskommen, ist der Spaß riesengroß.

Zungenbrecher

Sie bereiten den Kindern immer wieder großes Vergnügen, vor allem, wenn die Oma sich auch so recht dabei verheddert:

Der Papst hat das Besteck falsch bestellt.

In Ulm, um Ulm, um Ulm herum.

Fischers Fritze frißt gern frische Fische, frische Fische frißt gern Fischers Fritz.

Wir Wiener Waschweiber würden weiße Wäsche waschen, wenn wir wüßten, wo weiches warmes Wasser wär.

Wenn hinter Fliegen Fliegen fliegen, fliegen Fliegen Fliegen nach.

Ich sehe was, was du nicht siehst

Ein Ratespiel, das schon seit Generationen zu den beliebtesten Kinderspielen gehört und besonders gern mit geduldigen Großmüttern gespielt wird. «Ich sehe was, was du nicht siehst. Es hat die Farbe rot», sagt der eine und hat beispielsweise eine Tomate auf dem Küchentisch im Sinn, die der andere nun durch tastendes Fragen erraten muß. Je präziser man dabei beschreibt und fragt, um so mehr kann man bei diesem Spiel die Beobachtungsgabe eines Kindes schulen.

Eine Variante dieses Spiels ist das «Personenraten», bei welcher einer dem anderen eine Person zu raten aufgibt, wobei die Fragen aber so gestellt werden müssen, daß sie nur mit ja oder nein beantwortet werden können.

Scherzfragen

Kinder lernen sie besonders gern, weil sie damit oft Überlegenheit über Erwachsene oder einen Freund demonstrieren können:

Was ist der Anfang vom Ende? (Das große E)

Welche Glocke läutet nie? (Die Käseglocke)

Wenn auf einer Bank zehn Reiche sitzen, wieviel Arme haben dann darauf Platz? (Zwanzig, weil jeder Reiche zwei Arme hat.)

Auf welche Frage kannst du nie mit ja antworten? (Schläfst du schon?)

Wer ist das: Deiner Eltern Kind und doch nicht dein Bruder? (Du selber)

Ich hab zwei Flügel und kann nicht fliegen.
Ich hab einen Rücken und kann nicht liegen.
Ich hab ein Bein und kann nicht stehn.
Ich kann laufen und doch nicht gehn.

(Die Nase)

Es war *Dr. Faust,* der berühmte, mit dem Teufel im Bunde stehende Gelehrte und Schwarzkünstler, der die alte Dame an ihrem siebzigsten Geburtstag besuchte und plötzlich jene ferne Vergangenheit wieder in ihr lebendig werden ließ, in der sie seine Geliebte war.

Der unheimliche Bursche, mit dessen Hilfe der «edle Herr» die Unerfahrene einst betörte und ihren braven Bruder Valentin (Tino) im Duell erstach, nannte sich *Mephistopheles.* Allerdings war auch die liebeshungrige Nachbarin, Frau *Marthe Schwerdtlein,* nicht ganz unschuldig am Sündenfall des «ahnungsvollen Engels» mit den strohblonden Schnecken über den Ohren – jener Frisur, die nach der Heldin unserer Geschichte benannt wurde: Denn es ist *Gretchen,* die hier als Großmutter den Enkeln von ihrer tragischen Jugendliebe erzählt.

Ungeachtet ihrer moralischen und kriminellen Verfehlungen ging dieses Mädchen als das Musterbild der treuherzigen blonden deutschen Bürgerstochter in die Geschichte ein – dank ihrer alles besiegenden Anmut, dank der großen Dichtkunst ihres geistigen Vaters, Goethe.

Daß der biedere Famulus Wagner sich verpflichtet fühlte, dem armen Opfer seines einstmals hochverehrten Herrn beizustehen, stand bisher freilich nirgendwo geschrieben. Doch gerade weil offenbar noch niemand daran gedacht hatte, die Gestrauchelte zu resozialisieren – wie man heute sagt – oder gar glücklich werden zu lassen, sollte ihr in dieser Geschichte Gerechtigkeit widerfahren.

Quellennachweis

An dieser Stelle danken wir den Autoren und Verlagen, die uns freundlicherweise den Nachdruck folgender Beiträge gestatteten: Artemis Verlag, Zürich: *Carl Spitteler · Geliebte Großmutter* (aus: «Meine frühesten Erlebnisse», Gesamtausgabe, Bd. 6); Atlantis Verlag, Zürich: *Meinrad Inglin · Eine Kindheitserinnerung* (aus: «Werner Amberg, Die Geschichte seiner Jugend»); Beltz Verlag, Weinheim: *Sophie Brandes · Oli hat einen Freund* (aus: «Hauptsache, jemand hat dich lieb»); Benziger Verlag, Zürich: *John Donovan · Das Geburtstagsgeschenk* (aus: «Du sagst ja, ich sag nein»); Verlagsgruppe Bertelsmann, München: *Rudolf G. Binding · Die Angelpartie* (aus: «Erlebtes Leben»); Fischer Verlag, Frankfurt: *Carl Zuckmayer · Das Carlche kommt wieder* (aus: «Als wär's ein Stück von mir»); dem Autor Peter Härtling: *Peter Härtling · Was an Oma anders ist* (aus: «Oma»); Heimeran Verlag, München: *Margot Benary-Isbert · Vom Glück des Großmutterseins* (aus: «Die Großmutter und ihr erster Enkel») und *Ernst Heimeran · Die Großmutter* (aus: «Unsere lieben Verwandten»); Verlag Langen-Müller, München: *Barbara Noack · Nie wieder siebzig* (aus: «Der Bastian»); Verlag Mondadori, Milano: *Vasco Pratolini · Der Umzug* (aus: «Erinnerungen aus der Knabenzeit»); Oetinger Verlag, Hamburg: *Christine Nöstlinger · Moderne Familienverhältnisse* (aus: «Ilse Janda, 14»); Scherz Verlag, Bern und München: *Werner Felitz · Der Gratulant;* Suhrkamp Verlag, Frankfurt: *Walter Benjamin · Blumeshof* (aus: «Berliner Kindheit um Neunzehnhundert»); Ullstein Verlag, Berlin: *Grandma Moses · Tage der Kindheit* (aus: «Meine Lebensgeschichte»); Verlag Gebrüder Weiss, Berlin (DDR): *Bertolt Brecht · Die unwürdige Greisin* (aus: «Kalendergeschichten»).

Da die Rechtsnachfolge bei einigen nicht im Lande lebenden oder verstorbenen Autoren ungeklärt ist, war es in einigen Fällen nicht möglich, die Nachdrucksgenehmigung einzuholen. Honoraransprüche der Autoren und Erben bleiben gewahrt.

DIE «KLEINE BETTLEKTÜRE» GIBT ES
IN GLEICHER AUSSTATTUNG AUCH

Für die unentbehrliche Großmutter

Für den verständnisvollen Großvater

Für die vielgeplagte Mutter

Für wahre Hundefreunde

Für alle, deren Herz einer Katze gehört

Für das liebenswerte Geburtstagskind

Mit den besten Wünschen zum 50. Geburtstag

Mit den besten Wünschen zum 60. Geburtstag

Mit herzlichen Wünschen zur guten Besserung